KB141997

이기고 시작하라

이기고 시작하라

2010년 7월 12일 초판 1쇄 발행 | 2010년 12월 20일 6쇄 발행
지은이 · 안세영

펴낸이 · 박시형
책임편집 · 고아라 | 표지 디자인 · 박보희

경영총괄 · 이준혁
디자인 · 김애숙, 서혜정, 이정현, 박보희 | 출판기획 · 고아라, 김대준
편집 · 최세현, 권정희, 이선희, 김은경, 이혜진
마케팅 · 권금숙, 김석원, 김명래
경영지원 · 김상현, 이연정
펴낸곳 · (주)쌤앤파커스 | 출판신고 · 2006년 9월 25일 제313-2006-000210호
주소 · 서울시 마포구 동교동 203-2 신원빌딩 2층
전화 · 02-3140-4600 | 팩스 · 02-3140-4606 | 이메일 · info@smpk.co.kr

ⓒ 안세영 (저작권자와 맺은 특약에 따라 검인을 생략합니다)
ISBN 978-89-92647-39-7 (03320)

이 책은 저작권법에 따라 보호받는 저작물이므로 무단전재와 무단복제를 금지하며, 이 책 내용의
전부 또는 일부를 이용하려면 반드시 저작권자와 (주)쌤앤파커스의 서면동의를 받아야 합니다.

• 잘못된 책은 바꿔드립니다.   • 책값은 뒤표지에 있습니다.

쌤앤파커스(Sam&Parkers)는 독자 여러분의 책에 관한 아이디어와 원고 투고를 설레는 마음으로 기다리
고 있습니다. 책으로 엮기를 원하는 아이디어가 있으신 분은 이메일 book@smpk.co.kr로 간단한 개요
와 취지, 연락처 등을 보내주세요. 머뭇거리지 말고 문을 두드리세요. 길이 열립니다.

승자들의 역사에서 배우는 처세와 협상의 기술

이기고 시작하라

안세영 지음

일러두기

저자의 강연을 직접 듣는 듯한 생생함을 살리기 위해 저자 특유의 구어체와 일상적 표현,
약간의 비문과 은어, 비속어가 수록되었음을 알려드립니다.

백전불패의 전략,
역사 속 승자들에게서 배운다!

이 책을 쓰게 된 동기는 우연치 않은 데서 시작되었다.

영국 옥스퍼드대학에 다니는 친구의 아들이 여름방학을 맞아 필자의 연구실에 찾아왔다. 전공이 무엇이냐고 물었더니 역사라고 답했다. 예상외의 대답이었다. 아버지가 상과대학을 나온 데다가 경제통의 외교 관료이니, 아들 역시 당연히 경제학이나 정치외교학을 공부할 줄 알았던 것이다. 그런데 어렵게 들어간 명문대학에서 역사를 전공한다니.

다음 해에는 미국 프린스턴대학에 재학 중인 친구의 아들이 한국어를 배운다고 한 달 동안 필자의 집에 묵었다. 전공이 무엇이냐고 물으니, 역사, 정치, 문학 등을 다양하게 배운다는 답이 돌아왔다.

세계의 명문대학인 옥스퍼드와 프린스턴에 들어간 친구 아들들이 모두 역사를 공부한다는 데 깊은 인상을 받았다. 유수의 인재들이 역사에 관심을 갖는 데는 분명 이유가 있다는 생각이 들었다.

유명한 인물 중에도 역사에 정통한 사람이 많다. 대표적인 예가 마거릿 대처(Margaret Thatcher) 전 영국 총리다.

구멍가게 둘째 딸로 태어난 대처는 어린 시절부터 독서에 매진한 일화로 유명하다. 주말이면 늘 도서관에서 역사, 위인, 정치에 관한 책을 한아름 빌려와서는, 아버지와 같이 읽고 토론하였다고 한다. 훗날 총리가 된 그녀는 "정치가로서의 성공은 어렸을 때 읽은 방대한 책들에 힘입은 바 크다"고 회고했다.

필자도 학창시절 한때 다른 과목은 헤맸지만 국사, 세계사에서만은 탁월한 실력을 발휘했다. 대학을 졸업하고 프랑스에서 공부할 때나 미국 UN기구에 파견되어 근무할 때도, 역사와 위인에 관한 책이라면 닥치는 대로 구입해서 밤늦도록 읽었다. 역사 속 승자들에겐 어떤 비밀이 있는지 궁금했기 때문이다. 또한 언젠가 멋진 역사 관련 책을 쓰고 싶어서였기도 하다.

이순신 장군에서부터 칭기즈칸(成吉思汗), 세종대왕과 빌 클린턴(Bill Clinton) 대통령에 이르기까지, 역사와 위인들에 관한 해박한 지식을 이야기하며 상대를 압도하게 만들 수 있는 책.

이런 멋진 책을 한번 써보는 것이 학창시절부터 필자의 꿈이었다. 다행히 이제 이 책을 통해 꿈을 실현하게 되었다.

넓은 지평선으로 조명한
승자들의 역사 ● 그간 대학에서 강의하며 틈틈이 협상에 관한

책을 몇 권 썼다. 《글로벌 협상 전략》은 대학교재이며 《CEO는 낙타와도 협상한다》는 경영자를 위한 협상 에세이이다. 최근에 발간된 《이기는 심리의 기술》은 젊은 세대를 위한 비즈니스 지침서이다. 나름대로 베스트셀러 반열에 올랐다.

그리고 이 책 《이기고 시작하라》는 역사 속 승자들에게 배우는 협상과 처세의 기술을 정리한 책이다.

지난 몇 년간 삼성경제연구소의 SERI CEO에서 협상 강의를 하며 발견한 재미있는 사실이 한 가지 있다. 역사적 사례나 윈스턴 처칠(Winston Churchill) 같은 위인들에게 배우는 비즈니스 협상 전략이 반응이 좋았다는 점이다.

바로 이 같은 점에 착안해서 이 책을 구상했다. 그간 5권의 책을 발간했지만 필자가 이 책에 가지는 자부심과 애정은 유독 각별하다.

첫째, 이 책의 지평선은 아주 넓다.

역사, 전쟁, 위인들의 생애에서 배울 수 있는 협상과 비즈니스 전략, 대인관계, 그리고 우리가 살아가며 알아두어야 할 삶의 지혜 등을 다양하게 다루었다.

둘째, 이 책은 필자 나름의 독창적인 시각으로 역사적 사례나 위인의 생활을 분석했다.

그렇기에 기존의 책과는 전혀 다른 종류의 책이라고 자부한다. 예를 들어 우리 모두가 존경하는 성웅 이순신 장군이 강직하고 불의와 타협하지 않은 훌륭한 분이라는 것은 다들 잘 알고 있다. 그러나 명나라 진린(陳璘) 장군과의 만남(본문 228페이지 참조)에서 보듯이, 이순신도 나라와 백성을 위해서라면 상대에게 비굴할 정도로 몸을 숙이며 접대하고 협상하였다.

이처럼 잘 알려지지 않은 역사의 이야기를 풀어낸 점이, 독자들이 이 책에 필(!)이 꽂히게 하는 멋진 매력이 아닐까 싶다.

셋째, 이 책은 쉽고 재미있게 쓰고자 했다.

요즘은 감성의 시대라고들 한다. 아무리 좋은 내용을 담은 책이라고 해도 고리타분하고 지루하면 독자와 멀어진다. 그렇기에 이 책은 독자가 일단 펼쳐서 눈길을 주는 순간부터 그 내용의 짜릿함에 빠져 단숨에 책장을 넘길 수 있게 하기 위해 노력했다.

역사는 반복된다
승리의 룰도 반복된다 ● 누군가를 내 편으로 만들든, 상대에게 원하는 바를 끌어내든 어떤 상황도 유리하게 끌고 가는 비결은 바로 '이기고 시작하는 것'이다. 전쟁에서 선제공격이 중요하듯이 당신의 첫수(手)가 승패에 결정적 영향을 미칠 수 있다. 처음부터 승기(勝機)를 잡지 못하면, 이후에 상황을 역전시키기란 아주 어렵고 고달프다.

비즈니스 협상이든 인간관계든, 처음에 어떤 '시작'을 했느냐가 결과를 좌우하는 중요한 요소가 될 수 있다.

승부욕이 많지 않은 사람이라 하더라도, 지는 게임을 하고 싶지는 않을 것이다. 이기는 게임은 어떻게 가능한가? 필자는 그 답을 역사에서 찾았다.

"역사는 반복된다!"

이 책에서 배우는 역사의 교훈과 위인들의 삶이 앞으로 여러분이 직장이나 일상생활을 하는 데 도움을 주길 바란다. 끝으로 이 책을 쓰는 데 도움을 준 모든 분들께 감사드린다.

지은이 **안세영**

C.O.N.T.E.N.T.S

C.O.N.T.E.N.T.S

칭기즈칸의
'무차별 대학살'을 막은
협상 카드

상대에 따라 다른 '패'를 내밀어라

몽골 초원에서 기마군단을 이끌고 중국 대륙으로 들어간 칭기즈 칸(成吉思汗)은 참으로 희한한 꼴(!)을 보았다. 몽골에서는 한 사람이 수백 마리의 말을 소유하고 있는데, 중국에서는 말 한 마리가 수백, 아니 수천 명의 인간을 '거느리고' 있는 것이 아닌가!

인간과 말의 숫자 비율로 모든 걸 평가하는 데 익숙한 칭기즈칸의 눈에는, 중국인들이 짐승만도 못한 존재로 보였다. 넓은 땅을 농토로만 사용하는 것도 아깝게 느껴졌다. 그래서 쓸데없는 중원 대륙의 농토를 확 뒤엎어 말들이 뛰노는 초원으로 만들기로 했다. 물론 이 계획에는 저항하는 중국인에 대한 대학살이 포함될 터였다.

참으로 위험한 발상이다!

사실 우리는 칸의 기마군단이 유라시아 대륙을 질풍노도처럼 질주하며, 저항하는 도시들에 얼마나 처절한 응징을 하였는지 잘 알고 있다.

13세기 중앙아시아의 패자(覇者)였던 호레즘(Khorezm) 왕국(현 우즈베키스탄의 호레즘주)이, 칭기즈칸이 보낸 사신을 모두 처형하며 저항하였다.

그 결과는?

칭기즈칸은 호레즘 정벌에 나섰고, 성에서 몽골군에 저항하던 사람들은 모두 죽임을 당했다. 그런데 한 가지 흥미로운 사실은 잔인한 몽골군도 장인(匠人)과 예술가는 살려주었다는 것이다.

아예 싹쓸이를 하지 왜 그들은 남겼느냐고?

지극히 현실주의자인 칭기즈칸은 기술자들, 특히 성을 공격하는 공성(攻城) 기술을 개발하는 장인들이 몽골의 세계 정복에 필요하다는 사실을 알았기 때문이다.

다시 이야기를 중국으로 돌리자.

정신이 제대로 박힌 부하들은 칭기즈칸의 황당한 '중국 대륙의 초원화' 구상을 말리려 했다. 중국인의 저항, 인간적 자비 등을 강조하면서 말이다. 그러나 위대하고 잔인하며 지극히 현실주의자인 칭기즈칸은 막무가내였다. 육식을 하는 몽골인의 눈에는 전혀 가치 없는 농산물을 생산하는 농토를, 말과 양이 뛰노는 초원으로 만드는 것이

훨씬 이익이라고 생각했기 때문이다. 칸에게는 농산물보다야 말의 젖으로 만든 마유주(馬乳酒)와 양의 젖으로 맞든 요구르트, 그리고 말고기·양고기가 훨씬 값어치가 있는 것이었다.

그렇다!

지독한 현실주의자인 칭기즈칸은 어떤 결정을 내릴 땐 항상 이것이 몽골의 앞날에 '무슨 이익'이 될 것인가를 가장 염두에 두었다. 그러니 자비니, 인권이니 하는 말들은 씨알도 안 먹힐 수밖에!

부하들이 칭기즈칸의 뜻을 돌리려고 전전긍긍하던 그때, 칭기즈칸의 최측근 참모였던 야율초재(耶律楚材)가 칸의 성향을 꿰뚫고 승부수를 날렸다.

"칸이시여! 중국인들이 농토에서 그냥 농사를 짓게 하고, 대신 '세금'을 거두시지요. 그러면 중국 농토를 초원으로 바꾸어 말과 양을 키우는 것보다 칸의 주머니가 훨씬 두둑해질 것입니다."

세금(tax)?! 몽골 같은 유목사회에선 없는 개념이다. 이리저리 떠돌아다니는 유목민을 대상으로 세금 같은 걸 걷을 수 있을 리 만무하다. 말하자면 초원에는 강자의 '약탈'만이 존재하지, 정기적으로 뭔가를 '징수'하는 일은 아예 불가능했다. 하지만 농토에 정착해서 생활하는 중국 농민들이라면 이야기가 달라진다. 이에 야율초재는 칭기즈칸의 주머니를 두둑하게 만들 세금이라는 개념을 제시하며, 계획을 저지하고자 한 것이다.

칭기즈칸처럼 현실주의자인 권력자를 설득할 땐 대의명분, 인권 같은 것은 소용이 없다. 오직 '미래의 이익'만이 통할 뿐이다.

두뇌회전이 빠른 칭기즈칸은 세금을 걷는 일이 더욱 실질적이고 유리하다는 사실을 깨닫고, 중국 농토의 초원화 계획을 포기했다. 야율초재는 현실주의자인 칸의 성향을 정확히 간파해 그에 걸맞은 협상 카드를 제시했고, 덕분에 중국 대륙에서 벌어질 뻔한 역사의 대학살극을 막을 수 있었다.

상대의 유형에 맞추어

접근하라 ● 갑의 인생, 을의 인생! 흔히들 상대보다 우월한 위치에 선 사람을 '갑'이라 칭하고, 반대의 경우를 '을'이라 말한다.

과거 공직에 있을 때 청와대 경제수석실에 근무한 적이 있다. 권력의 주변에 있다보니 자연히 여러 사람들로부터 많은 부탁을 받았다. 물론 부적절한 청탁은 거절했지만, 문제의 소지가 없는 개인적인 부탁에는 간혹 도움을 주었다.

그런데 필자도 인간인지라 좀더 세련되고 재치 있게 접근한 사람들의 부탁을 잘 들어준 것 같다. 말하자면 부탁을 하는 데도 묘한 협상의 법칙이 작용하는 것이다.

언제나 남의 부탁을 받을 정도의 힘을 지닌 갑의 인생을 산다면 얼마나 좋을까? 하지만 안타깝게도 우리 대부분은 을의 인생을 살고 있다. 당장 눈앞에 닥친 취업, 승진 때문은 물론, 사업상의 일로도 힘을 가진 자에게 부탁해야 할 일이 한두 가지가 아니다. 하지만 누군가에게, 특히 권력을 지닌 사람에게 부탁하는 일은 좀처럼 쉽지가 않은 법이다.

미국 워싱턴의 로비스트 사이에 떠도는 자조적인 말이 있다.

"당신을 도와줄 만큼 힘 있는 사람이라면, 당신을 만나줄 시간이 없을 것이다(If someone is powerful enough to be able to help you, they will not have time to see you)."

이 말은 권력자에 대한 접근에 있어 큰 시사점을 준다. 당신이 부탁 좀 해보려 하는 힘 있는 사람은 정작 당신을 만나줄 시간이 없다는 뜻이다. 이 말에 대부분의 사람들이 백번 동감하리라 생각된다. 사장님이나 장관 또는 유력 정치인을 만나기가 어디 쉬운가? 설사 만남의 기회를 가진다 하더라도, 말 그대로 커피 한잔 겨우 마실 정도로 짧은 시간일 터이다.

더욱이 힘 있는 상대는 무언가를 부탁하러 온 사람이라는 사실을 뻔히 알고 당신의 얼굴을 쳐다볼 것이다. 당신이 곱게만 보일 리 없다. 이러한 상황 속에서 당신은 단 5분 만에 상대가 부탁을 들어주도록 만들어야 한다.

도대체 어떻게?

《권력의 법칙 *The 48 Laws of Power*》이란 베스트셀러를 쓴 로버트 그린(Robert Greene)에 의하면, 이럴 땐 권력자의 유형에 맞추어 접근해야 한다.

우선, 지독히 '현실주의적인 권력자'일 때이다.

이런 유형의 상대는 과거의 인연이나 관계엔 일말의 관심도 없다. 그가 관심을 갖는 것은 오직 한 가지. '앞으로 상대에게 무엇을 얻을 수 있는가'뿐이다.

당신이 많은 도움을 준 고향 후배가 소위 말하는 권력자가 되었다고 하자. 물론 그는 지독한 실리주의자이다. '옛날 어려울 때 많이 도와준 후배니까, 내 부탁이야 당연히 들어주겠지'라고 생각한 당신은 만나자마자, 그가 고생하던 시절에 당신이 베푼 선행부터 이야기한다.

"그땐 나도 참 어려웠는데, 자네에게 등록금을 빌려주었지. 자네가 언젠가 큰 인물이 될 줄 알고 투자를 한 거야."

미안한 이야기지만, 이런 넋두리를 늘어놓아보았자 말짱 꽝이다. 아마 상대는 속으로 이렇게 생각할 것이다. '이 양반, 바쁜데 와서는 무슨 한가한 옛날 이야기를 하는 거야. 요즘 과거를 들먹이며 부탁하러 오는 사람이 어디 한둘인가?'

카드를 바꿔라!

이런 유형의 권력자에겐 인정에 호소해봤자 입만 아플 뿐이다. 당신이 던져야 할 메시지는 따로 있다. '내가 지금은 당신에게 부탁을 하지만, 앞으로 당신을 도와줄 일이 꼭 있을 거요!'

가령 상대가 정치적 야망을 가지고, 언젠가 고향 선거에 출마하려는 계획을 갖고 있다고 하자. 이럴 때 접근하는 방법은 간단하다.

"내가 이번에 우리 모교의 총동창회장이 되었어."

"내가 요즘 우리 고향의 향우회장을 맡고 있네."

즉 당신이 상대를 도와줄 수 있는 '가능성'이 있다는 사실을 전해야 한다. 이때 상대의 두뇌는 비상하게 회전할 것이다.

'내가 출마할 때, 이 사람 도움을 받을 수 있겠군.'

이제 게임은 끝났다. 당신은 "걱정마라. 잘 해결해주겠다!"는 약속을 안고, 권력자의 사무실을 나설 것이다.

두 번째, '자기과시형 또는 자기만족형 권력자'의 경우다.

자신이 거머쥔 권력을 남에게 과시하고 싶어서 몸이 근질근질한 유형의 상대에게 부탁하는 일은 어렵지 않다. 상대와 같이 권력의 달콤한 맛에 한껏 취해주는 것이다.

상대가 거머쥔 권력을 찬미하라.

한술 더 떠, 상대가 그 권력을 영원히 누릴 수 있다고 치켜세워라.

그리고 슬쩍 지나가는 말처럼 부탁을 던져라. "당신이 도와준 사실을 주변의 많은 사람들에게 널리 알리겠다"는 감격 어린 멘트도 잊지 말고. 당신의 찬양과 존경에 도취된 상대는 선심 쓰듯 부탁에 응할 것이다.

마지막 유형은 닳고 닳은 '산전수전형 권력자'이다.

그야말로 온갖 험난한 과정과 권력 투쟁을 거쳐 오늘날의 자리에 오른 사람. 이런 상대에겐 앞의 두 가지 방법이 전혀 먹혀들어가지 않는다. 미래의 이익을 아무리 들먹여도, 상대를 하늘 끝까지 치켜 세워도 소용이 없다. 오랜 투쟁과 역경을 거쳐오면서, 웬만해서는 상대를 믿지 않고 경계하게 되었기 때문이다.

도무지 공략할 틈이 보이지 않는 난공불락 같은 권력자. 하지만 그에게도 통하는 카드가 있다.

'상대의 특성에 따라 다른 협상 카드를 내밀어라!'

협상 전략의 제1원칙이 필요한 순간이다.

그렇다면 산전수전형 사람에게 통하는 협상 전략은 무엇인가?

'정직'이란 카드로 상대의 뒤통수를 치는 것이다. 산전수전형 권력자는 기본적으로 정직하지 않을뿐더러, 다른 사람들도 모두 자기처럼 정직하지 않다고 생각한다.

그렇기에 '정직'은 더욱 강력한 카드가 된다. 상대가 깜짝 놀랄 정도로 정직한 모습을 보여라. 뭔가 가슴이 찡해져, 당신의 부탁에 마음의 문을 열지도 모른다.

알 카포네를 속인
희대의 사기꾼 ● 정직이라는 일견 허술해 보이는 카드가 정말 통할까, 미심쩍은 사람에게는 로버트 그린의 책에 소개된 '희대의 사기꾼' 루스티히(Lustig) 백작 이야기가 의심을 떨쳐줄 것이다.

1920년대 미국 암흑가를 주름잡던 갱의 대명사 알 카포네(Al Capone)에게 어느 날 한 남자가 찾아왔다. 그는 자신을 유럽의 루스티히 백작이라고 소개하며, 정중하게 말문을 열었다.

"저에게 5만 달러만 투자하시지요. 두 달 안에 두 배로 만들겠습니다. 제가 아주 좋은 계획을 가지고 있거든요."

알 카포네는 다짜고짜 찾아와 자신에게 투자하라는 남자가 어이없으면서도, 그의 기품 있는 행동과 진심 어린 말투에 마음이 끌렸다. 물론, 그 행동과 말투는 백작의 탈을 쓴 사기꾼의 철저한 계산에서 나온 것이었다. 하지만 이를 알 리 없는 알 카포네는 그 자리에서 즉시 현금 5만 달러를 루스티히에게 건넸다.

그런데 이게 무슨 일인가. 거금을 받아든 루스티히는 이 돈을 은행 금고에 맡기고는, 술을 마시고 카드놀이를 하며 그냥 두 달을 보냈다. 5만 달러를 두 배로 늘리려는 노력은 전혀 하지 않으면서 말이다.

약속한 두 달이 되는 날. 루스티히는 알 카포네에게 5만 달러를 정중하게 내밀며 세기의 사기극을 시작한다.

"카포네 씨, 죄송합니다. 이 돈을 두 배로 만들기 위한 제 노력이 실패했습니다. 치밀한 계획을 세워 무척이나 노력했는데 모든 것이 수포로 돌아갔습니다."

'알 카포네의 돈을 두 배로 불리지 못해 자기 자신이 안타깝고 분해 죽겠다'는 표정 또한 잊지 않았다. 뛰어난 사기꾼은 자신이 하는 말이 진실이라는 확신을 갖고, 사기를 친다고 한다.

"정말 죄송합니다. 죄송합니다."

알 카포네가 어떤 반응을 보였을까? 권총을 빼들었을까? 아니면 부하들에게 '늑신하게 손 좀 봐주라'고 시켰을까?

둘 다 아니다.

"당신은 참으로 정직한 사람이로군!"

알 카포네의 입에서 믿을 수 없는 이야기가 흘러나왔다.

사실 그는 평생을 사기 치는 사람들만 보아왔다. 천하의 보스 알 카포네의 돈 5만 달러를 가져갔으면 약속대로 10만 달러를 만들어 오든지 아니면 먹고 튀어버리든지, 두 가지 유형의 인간밖에 보지 못했다. 이렇게 순진하게 원금을 그대로 들고 와서 미안해 죽겠다고 사과하는 사람은 처음 본 것이다. 알 카포네는 한 번도 접해보지 못한 참으로 정직한 인간의 출현에 감격하고야 말았다.

"혹시 내 돈을 두 배로 만들기 위한 계획을 추진하다 손해를 보신 일은 없소? 하여간 정말 수고했소."

그러곤 돌려받은 5만 달러에서 5천 달러를 꺼내 루스티히에게 건

넸다. 5천 달러! 이는 처음부터 루스티히가 알 카포네에게 사기를 쳐 얻고자 했던 목표 금액이었다.

'정직'이라는 순진해 보이는 협상 카드가 알 카포네처럼 산전수전을 다 겪은 권력자에게는 오히려 통했던 것이다.

첫째, 협상의 정수는 심리전이다. 당신이 싸울 적은 상대가 아니라 '상대의 심리'라는 사실을 명심하라. 그가 어떤 성품과 캐릭터를 지닌 사람인지, 어떤 이야기에 반응하고 어떤 주제에 무관심한지, 상대의 심리를 파악하는 것이 우선이다.

야율초재는 칭기즈칸이 아닌 '지독한 현실주의자'와 협상을 벌인 것이다. 루스티히는 알 카포네가 아닌 '산전수전 다 겪어 보았지만 정직만은 경험하지 못한 권력자'를 상대한 것이다. 상대가 어떤 유형인지 파악하고 그의 약점인 감정의 사각지대를 공략하면, 당신의 뜻을 이루는 것은 시간문제다.

둘째, 상대에 대한 모든 정보를 수집하라. 상대가 어떤 사람인지 알기 위해서는 당연히 그에 대한 정보가 필요하다. 협상의 주제와 관련된 사안은 물론이고, 협상 테이블 건너편에 앉을 상대의 모든 것을 다 알아내라. 정보의 양이 싸움의 질을 결정한다. 요즘같이 인터넷이 발달한 시대에는 협상 상대에 관한 어지간한 정보는 인터넷을 통하여 얻을 수 있다.

대구에 있는 영남전자의 홍길동 전무와 협상을 한다고 하자. 이럴 때는 상대 회사에 대한 정보뿐 아니라 협상 상대인 홍길동 전무에 대한 개인적인 정보까지 알아내야 한다. 여기서 말하는 개인적인 정보란 상대의 학력, 고향뿐만 아니라 취미, 주량까지 모든 정보를 포함한다.

셋째, '패'는 많을수록 좋다. 아무리 강력한 카드라도 모든 상대에게 통할 것이라는 착각은 버려라. 어떤 상대에겐 허술한 카드가 오히려 더 잘 통할 수 있다. 여러 패를 준비하고, 상대에 따라 다른 패를 내밀어라.

넷째, 힘을 가진 사람에게 접근할 때는 '상호주의 기법'을 활용하라. 지금은 당신이 을의 입장에서 갑인 상대에게 고개를 숙이면서 부탁하지만 인생이란 돌고 도는 것이다. 언제 갑이 을이 되고, 을이 갑이 될지 모른다.

그렇기 때문에 현실주의자인 상대에게 부탁할 때는 고개를 숙이고 일방적으로 조르는 것보다는 '지금 당신이 나를 도와주면 언젠가는 내가 당신을 도와줄 수 있다'는 미래에 대한 은근한 암시를 할 필요가 있다.

로마군단과
삼성전자를 승리로 이끈
게임의 룰

불리한 게임에선 '룰(rule)' 자체를 바꿔버려라

로마군단은 지중해에서 천하무적이었다.

그리스의 장창 밀집부대(長槍密集部隊)를 더욱 발전시킨 로마군단은 3중 대열로 구성되었다. 맨 앞줄에 하스타티(hastati)라 불리는 백인대(百人隊, 로마군대의 최소 단위. 100명으로 편성된 부대라는 의미지만 실제 인원은 다소 차이가 있었다)가 서고, 그다음 줄에 프린키페스(principes), 그리고 마지막 줄에 트리아리(triarii)라는 백인대가 섰다.

투창과 방패, 그리고 검으로 무장하고 밀집대형으로 진격하는 로마군단을 무너뜨리기란 불가능한 일처럼 보였다.

그런데 이토록 막강한 로마군단이 한니발(Hannibal, 카르타고의 장군)의 코끼리부대를 만나면서 어이없이 무너졌다. 갑옷으로 무장한 육중한 코끼리가 마구 돌진해오는 데는, 제아무리 천하무적이라도 어쩔 도리가 없었던 것이다.

시간이 흘러 2차 포에니전쟁, 스키피오(Scipio) 장군이 이끄는 로마군단은 북아프리카의 자마에서 또다시 한니발의 군대와 마주 섰다. 한니발은 로마군단의 밀집대형을 무자비하게 짓밟기 위해 지금까지 해온 '게임의 룰'대로 성난 코끼리부대를 돌격시켰다.

그런데 전혀 예상치 못한 일이 벌어졌다.

로마군단이 갑자기 옆으로 확 흩어져 코끼리가 달릴 공간을 내주더니, 코끼리의 꼬리 쪽으로 투창을 던지는 것이 아닌가. 과거처럼 밀집대형을 이뤄 힘으로 막으려 들지 않고, 순간적으로 좌우로 흩어져 코끼리가 달릴 공간을 내주고는 뒤에서 공격한 것이다. 갑옷으로 가려지지 않은 꼬리 쪽에 창을 맞은 코끼리는 미쳐 날뛰고, 결과는 한니발 군대의 무참한 패배로 끝나고 말았다.

스키피오 장군이 로마군단의 게임의 룰을 바꾼 것이다.

그것도 룰 전체를 바꾼 것이 아니라 아주 간단히 한 가지만 바꿨다. 지금까지 1열 종대로 조직했던 백인대를 1열 횡대로 바꾼 것이 전부다.

말하자면 맨 앞줄에 제1백인대, 다음 줄에 제2백인대, 이런 식으로 편성했던 종대를, 제일 오른쪽에 제1백인대, 왼쪽에 제2백인대하는 식으로 횡대로 편성했다. 그리고 각 백인대의 제일 앞줄에 코끼리도 두려워하지 않는 가장 용감한 병사들을 배치한 것이다.

종을 횡으로 바꾸었을 뿐인데 전쟁의 성패가 달라졌다!

기사도가 극에 달한 15세기 프랑스에서 전쟁은 일종의 낭만이었다. 화려한 장식을 단 말을 타고 멋진 갑옷을 입은 기사가, 사나이답게 상대와 정면 승부를 겨루는 것이다. 멀리서 화살을 쏘는 일은 사내대장부, 아니 기사답지 못한 행동이며 전투는 오로지 창과 칼로서 떳떳이 승부를 겨뤄야 된다고 믿었다.

1415년 8월 14일, 헨리 5세(Henry V)가 이끄는 영국군이 노르망디에 상륙하여 프랑스의 군사적 요충지인 칼레로 진격하였다. 군사적 요충지를 지키기 위해 출동한 프랑스군과 영국군이 마주친 것은 10월 25일 아쟁쿠르에서였다.

프랑스군 2만 명 대 영국군 6천 명. 수적으로 훨씬 우세할 뿐 아니라 뛰어난 장비까지 갖춘 프랑스군은 전통적인 '전쟁 게임'을 펼쳤다. 말을 타고 적진으로 돌격한 것이다.

그런데 웬걸?

병사들이 영국군 근처에도 가기 전에 화살을 맞고 하나 둘 말에서 떨어져버리는 게 아닌가. 당시 프랑스군의 갑옷은 어지간한 화살이 관통하지 못할 정도로 단단했는데도 말이다. 전투의 결과는 수적으로나 장비상으로나 훨씬 우세했던 프랑스의 처참한 패배로 끝났다.

헨리 5세가 게임의 룰을 바꾼 사실을 몰랐기 때문이다.

시대의 흐름을 미리 읽은 헨리 5세는 폼 잡으며 싸우는 기사도의 시대는 지나가고 있다는 것을 간파했다. 그리하여 관통력(貫通力)이 아주 강한 장궁수를 새로운 게임의 주역(player)으로 등장시켰다. 아이러니하게도 프랑스산 주목(朱木)으로 만든 영국군의 장궁은 어지간한 갑옷을 뚫을 수 있었고, 고도의 훈련을 받은 장궁수들을 전면에 배치함으로써 전투를 승리로 이끈 것이다.

이순신과 신립의
운명을 가른 그것은? ● 도요토미 히데요시(豊臣秀吉)는 임진왜란 때 중국뿐 아니라 인도까지 점령하겠다는 야욕을 가졌다. 1592년 4월, 일본군은 중국으로 들어가는 길목에 있는 조선 땅에 상륙한 지 불과 보름 만에 한양을 점령했다. 이 정도면 동래에서 한양까지 거의 파죽지세로 밀고 간 셈이다.

조선의 왕은 압록강 근처에 있는 의주까지 도망을 가 '중국으로 망명' 운운하고 있었으니, 히데요시의 '거대 야망의 서곡'이 멋지게 시작되는 듯 보였다. 이제 추가 지원군이 유유자적 동래에 상륙하기만 하면 되는 상황이었다.

그런데 이건 또 웬걸?

생각지도 못했던 일이 조선 바다에서 일어나고 있는 것이 아닌가?

천하무적의 일본 수군이 보잘것없는 조선 수군에 연전연패하고 있는 것이다. 느리고 둔한 조선 배 '판옥선'에 탄 오합지졸의 조선 수군은, 빠르고 날렵한 일본 배 '안택선'에 탄 용맹한 일본 수군에 영 게임이 안 되는데 말이다.

16세기 해전을 다룬 〈해적왕 드레이크〉나 〈보물선〉 같은 영화를 보면 꼭 나오는 장면이 있다. 바다에서 맞붙으면 우선 적선에 대포 몇 방을 쏜다. 그러고는 상대편 배에 다가가 훌쩍 갑판에 올라타서는 신나게 칼싸움을 벌인다.

이것이 임진왜란 당시 해전의 게임이었다.

일본 수군은 이런 식으로 조선 수군과 싸우고 싶어 했다. 일단 배에 올라만 타면 칼솜씨 하나는 자신 있는 왜군이, 평소 괭이나 간신히 잡아본 농민 출신의 조선 수군을 충분히 요리할 수 있기 때문이다.

하지만 이를 어쩌나. 우리의 위대한 이순신 장군이 게임의 룰을 아예 바꿔버렸으니!

이순신은 일본 수군의 배를 화포로 작살내버리고, 그래도 다가오는 적군은 멀리서 활을 쏴 끝장내버렸다. 일본 수군은 조선 배에 올라타 장기인 칼싸움을 해볼 기회조차 없었다. 사실 임진왜란 당시 육군이 가진 조총은 일본군이 우수했지만, 해군이 지닌 화포는 조선이 더 발달해 있었다. 일찍이 고려 말, 화약을 자체 개발한 최무선이 진포대첩(1380년 8월에 전라도 진포에서 일어난 고려군과 일본군의 해상 전투)에서 왜구의 배 수백 척을 화포로 침몰시키지 않았던가.

이순신 장군은 게임의 룰을 조선에 유리하게 바꿨고, 덕분에 23전 23승을 하며 바다에서 조선을 구할 수 있었던 것이다.

그런데 애석하게도 조선의 명장이라던 신립 장군은 육전에서 게임의 룰이 바뀐 걸 모르고 있다가, 충주 탄금대에서 조선 기병을 '몰살'로 몰아넣었다.

흔히 신립 장군이 패한 것은 천하의 요지인 문경새재에서 일본군을 저지하지 못한 탓이라 한탄한다. 하지만 신립이 문경새재가 아닌 탄금대를 결전장으로 택한 데는 나름의 이유가 있었다.

문경새재에서 매복전을 하려면 잘 훈련된 군대라야 한다. 생각해 보라. 멋모르는 일본군이 가까이 다가올 때까지 숨죽이고 엎드려 있다가 일거에 덮쳐야 하는데, 한두 명의 병사라도 소리를 내 정체를 노출시키면 매복전 자체가 말짱 헛것이 된다.

신립 장군 지휘 하의 조선군은 전쟁이 터지자 허겁지겁 긁어모은 군대였다. 군율도 제대로 안 선 것은 물론이요, 도망병이 하루에도 숱하게 나왔다. 그런데 이런 병사들을 매복전을 하겠다고 분산 배치시켜놓으면 매복은커녕 줄행랑치기가 딱 알맞다. 그래서 아예 도망 갈 생각도 못하고 최후의 결전을 치르게 할 심산으로, 탄금대에서 강을 뒤로 한 배수진을 계획한 것이다. 보병 위주인 일본군을 향해

기마 돌진해 일거에 격파시킬 계획이었다.

여기까지는 신립 장군의 판단에 나름대로 일리가 있다.

여러분, 몽골에 가서 말들이 초원을 달리는 소리를 들어보시라. 말이 몇 마리만 달려도 천지가 진동하는 듯한 느낌이다. 당연히 수천의 기병을 돌진시키면 그 위력은 상상을 초월할 터이다.

신립 장군은 우선 1진으로 기병 2천 명을 돌진시켰다. 일본군의 조총 사격에 퍽퍽 쓰러져도 그중 3분의 1만 적진을 돌파하면 게임 끝이다. 말발굽으로 일본군을 짓이기기만 하면 되는 것이다.

어! 그런데 장군이 예상치 못한 일이 벌어졌다.

조선 기병 모두가 일본군에 다가가지도 못하고 말에서 떨어진 것이다. 당황한 신립 장군은 2진으로 다른 기병 2천 명을 적진으로 돌진시켰지만 결과는 전과 동일. 일본군의 조총 사격에 모두 추풍낙엽처럼 떨어졌다. 마지막 남은 기병의 최후 돌격전도 마찬가지였다.

왜 이런 일이 벌어졌을까?

조총을 가진 여진족과 싸워본 신립 장군은 조총의 위력을 알고 있는 인물이다. 하지만 오다 노부나가(織田信長)가 개발한 3열(列) 연속 사격법 덕분에 기병전의 룰이 바뀐 줄은 몰랐던 것이다.

1575년 나가시노 전투에서 당시 최강으로 군림하던 다케다 신겐(武田信玄)의 기마부대가 오다 노부나가의 조총부대에 전멸을 당했다. 새로운 전법인 3열 연속 사격법에 당한 것이다. 3열 연속 사격법이란, 조총수를 세 줄로 세워 1조가 발사하고 뒤로 빠지면, 그 사이 장전한 2조가 나와 사격을 하는 식으로 조총의 화력을 3배로 강화시킨 전법이다. 1-2-3조가 무한 반복하면서 총을 쏴대니 실로 엄청난 파괴력이 아닐 수 없다.

만약 신립 장군이 3열 연속 사격법에 의해 게임의 룰이 바뀐 걸 알았다면 어떻게 싸웠을까?

답은 아주 간단하다. 6천 조선 기병 모두를 일제히 돌격시키는 것이다. 3열 연속 사격법에 설사 3분의 2가 쓰러지더라도, 나머지 기병이 적진을 돌파하기만 하면 한번 해볼 만한 싸움이었을 터이다.

아, 안타깝다. 해전에서는 이순신 장군이 조선에 유리하게 게임의 룰을 바꾼 반면, 육전에서는 일본군에 유리하게 바뀐 게임의 룰을 몰라서, 조선 육군의 유일한 희망인 6천 기병을 전멸시키고 만 것이다.

불리한 게임엔
아예 뛰어들지 마라 ● '상대에게 유리한 게임의 룰을 자신에게 유리한 룰로 바꿔라.'

오늘날 우리가 경영을 할 때나 협상을 할 때 명심해야 할 교훈이다. 불과 십여 년 전만 해도 삼성전자의 TV는 소니(Sony) TV의 경쟁상대가 아니었다. 그런데 현재 LCD TV, LED TV 등에서 삼성이 소니를 누르고 시장을 제패하고 있다.

아날로그에서 디지털로 기술의 패러다임이 바뀌는 걸 알아차린 삼성전자가, 자신에게 불리한 아날로그 TV의 게임을 버리고 새로운 디지털 게임에서 소니에게 승부수를 던졌기 때문이다. 즉 브라운관 TV 기술에서 앞선 소니는 아날로그 게임에선 절대강자였지만, 삼성전자가 게임의 룰을 바꿔 평면 TV로 승부수를 던지는 바람에 디지털 게임에서는 패배하고 만 것이다.

기업인이 게임의 룰이 바뀐 것을 모르면 심한 경우 회사 문을 닫을 수도 있다. 대우그룹의 몰락이 그 좋은 예이다.

1999년 대우그룹은 자금난에 빠져 하루하루를 간신히 연명해가고 있었다. 정부가 시시각각으로 압박해올 때도, 김우중 회장이 끝까지 믿었던 것은 당시 자신이 재계를 대표하는 전경련 회장이라는 사실이었다. 좀더 노골적으로 이야기하면, 전경련 회장이라는 지위와 대통령과의 밀착관계였다. 박정희 전 대통령이나 전두환 전 대통령 같은 개발독재시대에는 최고 권력자의 의지 하나에, 어지간한 재벌그룹 하나 정도는 마음대로 들었다 놓았다 할 수 있었다. 그 시절에는 재벌총수가 정치자금만 듬뿍 집어주며 정경유착만 잘해도 얼마든지 위기에 빠진 그룹을 살려낼 수 있었다.

그러나 한국사회의 민주화와 특히 1997년 금융위기의 여파로 한국경제를 운용하는 게임의 룰이 바뀌었다. 아무리 대통령이라 해도 시장에 반(反)하여 특정 그룹에 무제한의 자금 지원을 해주라고, 장관이나 은행장에게 지시할 분위기가 아니었다. 더욱이 대통령과 경제수석, 장관으로 이어지는 권력 내부에서도 소위 말하는 '파워 시프트(power shift, 권력이동)'가 있었다. 정경유착에 바탕을 둔 대통령의 정치적 판단보다는 재무장관과 경제수석의 경제적 판단이 더 큰 힘을 발휘하고 있었다는 말이다. 마지막까지 김 회장의 옆에 있으며 대우그룹의 몰락을 지켜본, 대우 계열사 B사장의 한숨 어린 회고를 보자.

"그때 김 회장이 너무 대통령과의 관계에만 매달리지 않고 좀더 고개를 숙여 재무장관, 경제수석과 소통하며 대우그룹 내의 부실기업을 처분하라는 그들의 실무적 의견에 고분고분 따랐더라면 그룹 몰락까지는 가지 않았을 것이다."

더욱 아쉬운 점은 대우그룹이 막판 위기에 몰렸을 때, 김 회장이 한발 뒤로 물러서서 부하들에게 정부와의 협상을 맡겼더라면 최악의 상황은 면할 수 있었을 것이라는 사실이다.

그 당시 실권을 쥔 관계 장관과 청와대 수석들이 대우그룹 계열사 사장들과 동년배였다. 예를 들면 위의 B사장도 당시 실세 장관과 아주 가까운 고교 선후배 관계였다. 그런데 B사장이 장관과 어렵게 협상을 하여 무언가 해결점을 찾아놓으면, 김 회장이 이를 무시하고 직접 대통령과 대화해 뒤집어버렸다 한다. 당연히 장관은 화가 나서 이후에는 B사장과 협상하려들지 않았음은 물론, 대우그룹에 대해서 더욱 날카로운 각을 세웠다는 것이다.

그때 삼성그룹처럼 김 회장이 한발 뒤로 물러서고 계열사 사장들에게 장관이나 수석들과 만나 해결책을 찾으라 했다면, 혹은 김 회장이 대우자동차 같은 큰 카드 하나를 과감히 포기하는 결단을 내렸다면, 어쩌면 그룹 전체의 몰락은 막을 수 있었을지도 모른다.

한때 대우그룹 하면 한국경제의 기적을 상징하는 기업이었는데, 세상이 바뀌어 게임의 룰이 달라진 것을 모르고 과거의 룰에 집착하다가 안타깝게 공중분해되고 만 것이다.

협상을 하다보면 게임 구도가 자신에게 불리한 양상으로 전개될 때가 있다.

프랑스의 프랑수아 미테랑(François Mitterrand) 대통령에게 숨겨둔 연인과 딸이 있다는 사실이 언론에 알려졌다. 1974년생으로 이미 성인이 된 딸과 파리의 레스토랑에서 식사를 하고 나오는 모습을 주간지 〈파리마치Paris-Match〉의 사진기자가 찍은 것이다. 프랑스 전체가 웅성거리고, 수많은 기자들이 영부인인 다니엘 미테랑(Danielle Mitterrand)에게 몰려갔다. 미테랑 여사의 한마디에 남편인 미테랑 대통령의 정치적 생명이 오락가락할 판이었다.

그때 그녀가 어떤 말을 했을까? 기자들에게 제발 신문에 폭로하지 말라고 애원을 하였을까? 아니다. 기자들의 질문에 미테랑 여사는 의아하다는 표정을 지으며 말문을 열었다.

"맞습니다. 나는 바로 그 점(남편에게 숨겨놓은 오랜 연인이 있다는 사실) 때문에 내 남편을 더욱 사랑합니다."

아니? 이게 무슨 말이야. 세상에 남편이 외도한 것을 찬미하는 부인이 있다니. 그녀의 이야기를 좀더 들어보자.

"기자 여러분, 생각해보십시오. 세상에 두 여인을 동시에 진심으로 사랑할 수 있는 남자가 우리 남편 빼놓고 어디 또 있습니까?"

기자들은 입이 딱 벌어져 할 말을 잃고 발길을 돌렸다. 기삿거리가 안 되기 때문이다. 미테랑 여사는 흔히 생각하는 '게임의 구조'를 바꿔버린 것이다. 평범한 대통령 부인이라면 "제발 큰 기사로 다루지 말아 달라"고 기자들에게 애걸복걸하든지, 아니면 남편이 바람피우는 데 진저리가 나 이혼소송을 한 실비오 베를루스코니(Silvio Berlusconi) 이탈리아 총리의 부인처럼 남편 험담을 늘어놓았을 것이다.

우리도 인생을 살아가며 궁지에 몰릴 때, 미테랑 여사처럼 게임의 룰을 바꿔 빠져나가는 재치가 필요하다.

게임이 자신에게 불리하게 돌아간다고 당황치 마라. 게임 자체를 뒤엎을 순 없지만 게임의 룰을 바꾸는 것은 얼마든지 가능하다.

몇 년 전, K국장으로부터 전화가 왔다. A대학에서 박사학위를 받는데 외부 논문심사위원으로 와달라는 요청이었다. 평소 친한 선후배 사이인 K국장은 논문심사위원회의 통과가 만만치 않을 것 같다고 걱정을 하였다. 지도교수는 논문을 긍정적으로 평가하는데, 다른 두 명의 심사위원이 아직 부족한 점이 많아 대폭 보완해야겠다고 말한다는 것이다.

논문심사를 하러 A대학에 가보니, 역시 심사위원들 간에 게임의 구도가 '친 K국장(나와 지도교수) vs. 반 K국장(두 명의 A대학 교수)'으로 대립각을 세우고 있었다. 외부 대학에서 온 심사위원이니 필자에게 먼저 논문심사평을 하라고 했다. 물론 그들은 내가 K국장과 선후배 사이인 걸 알기 때문에 적극적으로 논문을 칭찬할 것이라 짐작했을 터이다.

입을 열고는 논문의 미미한 점을 한두 가지씩 지적해나갔다. 으레 그 정도 지적은 하기 마련이다. 그런데 지적이 계속 이어지고 "이게 무슨 놈의 대학 논문이냐?"라는 식으로 거의 비난에 가까운 질책까지 나오자, 심사위원들의 분위기가 싹 바뀌었다. 우선 당사자인 K국장부터가 '세상에 저런 인간이 있나? 믿는 도끼에 완전히 발등 찍혔다'라는 표정으로 얼굴이 붉으락푸르락했다. '반 K국장' 편에 서 있던 두 명의 A대학 교수도 열받은 표정이었다. '서강대학교 교수가 우리 A대학 박사과정을 어떻게 보고 이런 망신을 주는 거야!'

그때부터 게임의 구도가 바뀌었다.

심사위원회는 '서강대 교수 vs. A대 교수'의 자존심 싸움으로 번졌고, 두 명의 A대 교수는 갑자기 K국장의 논문을 칭찬하기에 바빴다. 당연히 박사논문은 우수한 성적으로 통과됐고, 바로 이 점이 내가 처음부터 노린 것이었다.

여러분 생각해보시라. 내가 K국장의 논문을 싸고돌면, A대학 교수들은 선후배 사이이기 때문에 그렇다고 생각하고 처음 생각대로 논문을 비판했을 것이다. 이에 A대학 교수들의 자존심을 건드리는 전략으로 게임의 룰을 바꿔, 박사학위 논문을 통과시킨 것이다.

이순신 장군의 해전, 소니와 삼성전자의 경쟁, 다니엘 미테랑 여사의 언론 대처, 그리고 K국장의 박사학위 논문심사 경우에서 볼 수 있는 바와 같이, 당신에게 불리한 게임에는 뛰어들지 마라. 그 속에 들어가 아무리 발버둥 쳐보았자 점점 깊은 수렁에 빠질 뿐이다. 룰을 바꿔 당신에게 유리한 게임으로 만든 다음에 뛰어드는 것이 최선이다.

첫째, 현실과 직면하는 능력을 키워라. 과거를 놓아야 새로운 미래가 온다. 예전에 통했던 룰이 현재에도 통할 것이라는 믿음을 버려라. 요즘같이 모든 것이 빠르게 변하는 정보화시대에는 과거의 성공 경험이 때로는 여러분의 가장 큰 장애물이 될 수 있다. 과거에만 집착하여 과거의 방식으로 싸우려드는 것만큼 어리석은 일은 없다. 시대의 흐름, 현재의 판세에 맞는 새로운 게임의 룰을 찾아내야 한다.

둘째, '게임'을 정복하려 하지 말고 '룰'을 장악하라. 승부욕이 강한 사람은 자신에게 불리한 게임인 데도 막무가내로 뛰어들어 어떻게든 이겨보려고 용을 쓴다. 수단, 방법을 가리지 않은 끝에 설사 이긴다 해도 리스크가 너무 크다. 불리한 게임은 '룰'을 바꾸는 것이 최선이다. 이순신 장군이 그랬듯, 삼성전자가 그랬듯, 불리한 게임은 과감히 포기하고 당신에게 유리한 새로운 판을 짜라. 새로운 게임의 룰을 만들어내라.

세종대왕과
피터대제가 부하를 다룬
'두 개의 칼'

'당근'으로 감동케 하고, '채찍'으로 긴장케 하라

곤장 99대, 100대…. 세종대왕 때 전국 방방곡곡에서 수령들이 곤장 맞는 소리가 자주 울려 퍼졌다. 관내에 굶는 백성이 없게 하라는 어명을 어겼기 때문이다. 세종대왕이 부하를 다루는 철학은 아주 간단명료했다. 관리들이 편하게 지내면 백성들이 괴롭고, 관리들이 괴로워야만 백성들이 편하다는 것이다.

세종대왕은 지방 관리들만 괴롭힌 게 아니라, 한양의 대신들도 들들 볶았다. 요즘 말로 하면 정책 개발 안 하고, 매너리즘에 빠져 있다는 것이 이유였다.

조선시대에 경연(經筵)이라는 게 있었다. 왕과 신하가 유학의 '경서(經書)'나 '사서(四書)'를 논하는 자리이다. 원래는 왕을 가르치는 자리인데, 세종대왕 때는 공부를 게을리 한 신하들이 무참히 깨지는 자리가 되어버렸다. 특히 명나라 사절이 다녀가면 경연당의 신하들은 초비상이 걸렸다. 조선의 왕 중에 유일하게 세종대왕만이 중국어를 할 줄 알았는데, 중국사신과 이야기해 새로운 지식과 학문을 알게 되면 "바깥세상 돌아가는 것 좀 알라"고 신하들을 다그쳤던 탓이다.

모든 신하들이 괴로워했지만 특히 김종서 장군이 힘들어했다. 김종서 장군이 누구인가. 6진을 개척하며 조선의 국경을 두만강까지 밀어올린 명장이다. 그런 그가 함경도에 가게 된 사연인즉, 지긋지긋한 경연에서 벗어나고자 외직을 자원했다는 것이다.

세종대왕은 가끔 평복을 하고 한양 시내를 돌아다녔는데, 한 번은 황희 정승과 쌍벽을 겨루는 청백리인 우의정 맹사성의 초가삼간에 들러 부서진 사립문을 몰래 고쳐주었다. 그리고 다음 날 어전회의에서 우의정의 초가삼간을 칭찬했다.

재미있는 것은 맹사성의 반응이다. 그날 저녁 귀가한 그는 사립문을 발로 차 쓰러트렸다. 왕이 친히 자기 집을 찾아온 게 고맙기는커녕 신하인 자신에 대한 '보이지 않는 감시'로 여겼던 것이다. 더욱이 보잘것없는 초가집을 만천하에 칭찬해놓았으니 기와집으로 이사 가기도 그른 게 아닌가. 맹사성은 76세에 관직을 떠나기 전까지 청빈낙도하며 그 초가집에 살았다.

〈불멸의 이순신〉이란 TV드라마를 보면 이순신 장군이 아주 자상한 분으로 묘사된다. 하지만 기록을 보면 이순신 장군도 부하들에겐 아주 엄격했다. 하루는 일선의 나장(초급장교로 지금의 대위 정도 계급) 두 명이 뇌물을 받고 도망병을 묵인해줬다는 보고를 받았다. 그들을 불러 심문하니 사실이었다.

그때 이순신이 어떻게 했는 줄 아는가? 그 자리에서 즉시 나장 두 명을 처형하였다.

나장뿐만 아니라 아전들의 회계 부정을 발견하면 가차 없이 목을 베었다. 《난중일기亂中日記》에 보면 군졸 한 명이 민가의 개 한 마리를 슬쩍 잡아먹었다가 낭패를 본 이야기가 나온다. 이를 안 이순신 장군이 곤장을 무려 20대나 쳤다. 와, 말이 곤장 20대지 그 사병은 개 한 마리 잡아먹었다가 거의 초주검이 될 뻔했다. 평소 이렇게 군율을 엄하게 잡았기에 전쟁터에서 장군의 한마디는 칼같이 섰다.

칠천량해전에서 원균이 조선 수군을 말아먹어, 겨우 12척의 판옥선으로 일본 군선 120척을 막아내야 했던 명량해전 때의 일이다. 이순신 장군이 탄 대장선이 제일 먼저 적함의 무리 속으로 뛰어들었다. 이 뒤를 안위가 지휘하는 판옥선이 따라야 하는데 선뜻 나아가지 못하고 주춤거렸다. 적의 위세에 겁을 먹은 것이다. 이때 이순신이 서슬이 퍼런 칼날을 들고 안위에게 외쳤다.

"안위야, 싸우다 죽을래 아니면 내 칼에 죽을래?"

이럴 때 인간은 본능적으로 확률을 계산하기 마련이다. 장군과 함께 싸우면 어쨌든 죽지 않을 확률이 있다. 그런데 장군의 명령을 따르지 않으면 목이 달아날 확률은 100%다. 평소 장군의 소행을 볼 때 처형한다면 정말 칼날을 내리친다. 계산을 마친 안위는 비장한 각오로 적진에 뛰어들었고, 그 유명한 명량해전의 승리를 일구어낸 것이다.

이순신 장군에 관한 연구로 석·박사를 딴 사람만 우리나라에 200여 명이 된다고 한다. 장군은 돌아가신 후에도 후손에게 좋은 일을 하고 계신 셈이다.

그런데 《난중일기》를 연구한 바에 의하면, 이순신은 약 120여 명의 부하들을 처벌하였다고 전해진다. 여기에는 참수부터 시작해 곤장, 파직까지 포함된다. 더 흥미로운 사실은 포상 또한 140여 회를 했다는 기록이다. 사실 부하들을 처벌한 횟수보다 칭찬하고 격려한 횟수가 더 많다.

이렇듯 '두 개의 얼굴'을 가지고 부하들을 자신의 지휘 아래 일사불란하게 움직이도록 만들었기에, 임진왜란의 해전을 승리로 이끌 수 있었던 것이다.

세종대왕도 마찬가지다. 신하들을 혹독하게 다루고 감시했지만, 기본적으로 신하를 친자식처럼 여겼으며 집현전에서 그들과 머리를 맞대고 국사를 논했다. 그 역시 '두 개의 얼굴'로 신하를 대했던 셈이다.

잠깐 샛길로 새어서, 세종대왕과 이순신 장군의 이야기를 들으면 우리 머릿속에 떠오르는 생각이 있다. '왕명과 군율을 좀 어겼기로서니 그렇게 심하게 처형할 필요가 있을까?' 법에 대한 인식이 느긋한 한국인다운 발상이라고 할 수 있다.

필자가 와세다대학에 초빙교수로 머물 때, 도쿄의 지하철에서 이상한 장면을 목격하였다. 지하철이 출발하려고 '삐삐' 경고음이 울린다. 그때 한 일본인이 부리나케 타려다가 문틈에 끼었다. 서울 같으면 당연히 주위 사람들이 달려가 도와주려 할 것이다. 그런데 도쿄의 지하철엔 순간 싸늘한 기운이 돌며 어느 누구도 도움의 손길을 뻗지 않았다.

비슷한 장면을 몇 번이나 목격하고 나서, 와세다대학의 교수에게 물었다. 대답인즉, 당연하다는 것이다. 경고음이 울리면 지하철을 타지 말아야 하는데 규칙을 어겼다는 것이다. 규칙을 어겨 다른 사람에게 피해를 줬으니 도와줄 이유가 없다는 냉정한 대답이다.

그 말을 듣고 처음엔 '일본사람들 정말 밥맛없다'고 생각했다. 어려움에 처한 사람을 도와주는 우리사회가 훨씬 인간적으로 느껴졌다. 그러나 곰곰이 생각해보니 꼭 그렇지만은 않은 것 같다. 우리사회는 법과 규칙을 어겼더라도 어려움에 처하면 무조건 도와주려는 경향이 있다. 그런데 이는 법과 질서의 힘을 무력화시키는 일이다. 자칫 잘못 흘러가면, 법을 어기고도 목소리 큰 사람이 큰소리치는 사회가 될 수도 있다.

세종대왕과 이순신 장군의 비정할 정도로 냉정한 처벌에 대한 설명을 돕기 위해서였으니 딴소리가 좀 길어졌어도 양해하시라.

법은 법이다. 이는 법을 이행하는 자가 아닌 법을 다스리는 자, 즉 리더가 더욱 명심해야 할 명제이다. 악법이라도 일단 법으로 정해졌다면, 엄중히 지킬 수 있도록 다스려라. 법의 권위가 곧 당신의 권위다.

알렉산더의 '당근', 웰링턴의 '채찍'

● 《칭찬은 고래도 춤추게 한다Whale Done!》라는 베스트셀러가 말해주듯, 시중에 나와 있는 처세나 인간관계에 관한 책들을 보면 대개 '경청, 자율, 칭찬, 배려' 등등의 주제를 다루고 있다. 물론 좋은 말이다. 하지만 여러분이 기업에 있건 군대에 있건 관료집단에 있건, 위와 같은 덕목만으로 조직을 원활히 이끌며 부하를 통솔할 수 있을까?

미국 보잉(Boeing) 사의 예를 한번 살펴보자.

필립 콘디트(Phillip Condit) 보잉 전 사장은 이른바 '적극적 경청'을 강조하며 '자율 합의'에 의한 경영을 주장했다. 물론 본인의 의사에 반하는 '해고'라는 것도 없었다.

이 같은 콘디트의 경영철학은 어떤 효과를 가져왔을까? 안타깝게도 부하들의 창의성을 자극하고 열심히 일하게 만들기는커녕, 조직 내에 무사안일주의가 만연하는 결과만 불러왔다. 예를 들면, 보잉의 각 부서들은 타 부서와 협조하는 것은 고사하고 각자의 컴퓨터 시스템을 따로 보유하는 등, 자기 부서의 이익을 지키는 데 급급하였다. 물론 경영 실적이 나빠져 보잉 주가가 급락하였다.

결국 2003년 12월 필립 콘디트가 물러나고 그 뒤를 이어 해리 스톤사이퍼(Harry Stonecipher)가 새로운 CEO로 취임하였다. 그리고 스톤사이퍼는 전임자인 콘디트와는 전혀 다르게 부하들을 매우 혹독히 다그쳤다. 결과는 보잉 주가의 재상승이다.

세종대왕이나 이순신 장군, 보잉의 사례에서 우리가 얻는 교훈은 부하를 다루거나 조직을 관리할 때 두 개의 칼, 즉 당근과 채찍을 동시에 휘둘러야 한다는 것이다.

그렇다면 당근과 채찍이란 리더십 도구는 어떻게 사용할 수 있을까?

먼저 당근 전략에서 리더로서 중요한 것은 부하 개개인을 하나의 인격체로 존중해주어야 한다는 사실이다.

알렉산더 대왕(Alexandros the Great)은 전투를 시작하기 전 병사들 앞을 돌며 각 병사의 이름을 불렀다 한다. "마케도니아의 용사, 티벨리우스, 파리우스, 아르테미우스…." 3만 5천 명의 병사를 데리고 페르시아에서 몇 년간 생사고락을 같이 했으니, 어지간히 용감한 병사의 이름을 친히 기억하고 있었던 것이다. 이렇게 대왕으로부터 이름을 불린 병사들은 더욱 용기가 백배하여 물불을 가리지 않고 적진으로 돌진하였다. 대제국 페르시아를 집어삼킨 알렉산더 군대의 힘은 바로 여기서 나왔다.

한편 나폴레옹(Napoleon)은 알렉산더 대왕의 방식을 교묘히 발전시켜 이용하였다.

수만의 장병이 모인 열병식에서 황제가 어느 병사에게 다가가 "프랑수아 피에르"라고 이름을 부르며 덥석 손을 잡는다. 이름을 불린 병사는 감격하고 자리에 모인 다른 장병들도 '야, 우리 황제가 일개 졸병의 이름까지 기억하는구나'라며 감탄한다. 하지만 사실 나폴레옹은 피에르라는 병사를 모른다. 사전에 부관이 "두 번째 줄 가운데쯤에 피에르라는 병사가 있습니다" 하고 귀띔해주었을 뿐이다. 이 정보를 듣고 나폴레옹은 두 번째 줄에 가서 우선 병사의 이름을 불렀다. 이름을 불린 병사가 놀라 '움찔'하면, 그가 당사자임을 알아채고 손을 잡은 것이다.

비슷한 사례는 현대에도 있다.

1980년대 중반 파리에서 유학하고 있을 때, 프랑스 TV에서 한창 잘나가고 있는 일본기업에 대해 특집방송을 한 적이 있다. 일본인 사장은 공장을 둘러보다가 어느 근로자 앞에 가더니 "장인이 편찮으시다던데 좀 나아지셨나?"라고 물었다. 프랑스 기자나 기업인들은 그 장면을 상당히 신기하게 여겼다. 고용주와 근로자가 단지 '임금'에 의해 연결된다는 서구식 경영에서는 찾아볼 수 없는 모습이었기 때문이다. 프랑스 언론은 "윗사람이 직원들뿐 아니라 직원의 가족까지 챙겨주는 일본식 경영 리더십에서 한 수 배우라"고 야단법석을 떨었다.

하지만 당근만으로는 온전한 리더십을 구축할 수 없다. 부하들을 인간적으로 이해해주는 것도 중요하지만, 감시와 감독의 고삐를 늦춰선 안 된다.

회사나 조직을 운영하면서 가장 바보 같은 리더는 "나는 여러분의 양심을 100% 믿는다"라고 공언하면서, 부하들의 비리나 나태함을 감시하는 시스템을 만들지 않는 리더다. 국가의 삼권분립에 있어 사법부가 행정부와 의회를 견제하고, 정부 조직이나 회사에 감사관이 있듯이, 윗사람도 정보의 안테나를 높이 세우고 자신의 지시나 명령이 잘 이행되는지, 비리가 발생하진 않는지 철저히 감시할 필요가 있다.

이와 관련해 좋은 예가 바로 영국의 아서 웰링턴(Arthur Wellington) 장군의 이야기다.

나폴레옹 군대와 싸우고 있던 영국군의 웰링턴 장군은 부하들을 불신하고 감시, 감독한 것으로 유명하다. 그는 군대는 사기(士氣)나 감정보다는 잘 짜인 군율과 엄격한 감독에 의해 움직여야 한다고 믿었다. 여기에 얽힌 유명한 에피소드가 있다. 하루는 나폴레옹 군대와의 전투를 치르던 중, 많은 부상병이 나왔다. 웰링턴 장군은 영국군 장교 숙소를 임시 야전병원으로 쓰라는 명령을 내린다. 당연히 부하 장교들의 반응은 시큰둥했다. 당시 영국군에서 장교와 사병 간의 차이는 하늘과 땅이었다. 자신들의 숙소를 사병들의 병원으로 쓰라니, 탐탁할 리 있겠는가. 그런데 그날 저녁, 웰링턴이 자신의 명령이 잘 이행됐는지를 확인하기 위해 수십 리 길을 말로 달려왔다. 명령을 이행하지 않은 몇몇 장교가 처벌받은 것은 물론이다.

러시아를 강대국으로 만든 피터대제(Peter大帝, 표트르 1세)는 당근과 채찍을 함께 쓴 계몽군주이다. 나태하고 안이한 신하가 있으면 그 자리에서 매로 후려치는 난폭한 면이 있는 반면, 고도로 세련되게 부하를 다루는 면도 있었다.

피터대제는 선진국에서 배우라며 러시아 귀족 자제들을 프랑스나 독일, 영국에 국비로 유학을 보냈다. 그런데 게으르고 방탕한 귀족 자제들이 술과 여자에 탐닉하는 바람에, 정작 공부는 수행한 가정교사들이 했다. 시간이 흘러 귀국한 귀족 자제들. 피터대제가 그들을 불러 무엇을 배우고 왔는지 테스트를 했다. 만족스런 답변을 하는 자에겐 선뜻 장관 자리까지 내놓았다. 공부를 열심히 하지 않은 자는 당연히 제대로 답을 할 리 없다. 옆에 있는 가정교사에게 물어보니, 오히려 그가 훌륭한 대답을 내놓는다.

이때 피터대제가 내린 결정은 아주 간단하다. 귀족 자제에게 주려고 한 관직에 가정교사를 앉혀버렸다. 귀족 자제에게는 더할 나위 없이 따끔한 '채찍'이요, 가정교사에게는 황공무지한 '당근'인 셈이다.

피터대제의 채찍 전략을 보여주는 또 다른 사례 하나. 피터대제는 러시아의 서구화를 위해 신하들의 수염을 깎도록 하였다. 당시엔 거의 모든 러시아인들이 지저분할 정도로 수염을 기르고 있었다. 우리의 구한말 단발령 사례에서도 알 수 있듯이, 러시아에서도 당연히 신하들의 반발이 보통이 아니었다.

다른 왕 같으면 강제로 밀어붙이든지 포기하든지 했을 것이다. 그런데 역시 현명한 군주답게 피터대제가 내린 결정은 간단하다. 수염을 깎기 싫으면 상인은 특별세를 내고, 귀족은 결혼을 하지 말라는 것이다(당시 귀족은 왕의 허락을 받아야 결혼할 수 있었다). 요즘 말하는 시장경제에 바탕을 두고, 고집 센 신하들을 다룬 셈이다. 우회적으로 신하들을 굴복시킨, 고도의 채찍 전략이다!

신비함과 희생정신, 리더의 두 가지 조건 ● 당신이 리더라면 간혹 사무실에서건 술자리에서건 분수를 모르고 엉기는 부하들을 볼 것이다. 이런 부하들을 다루는 데 어려움을 느낀다면 마오쩌둥(毛澤東)의 탁월한 능력을 벤치마킹하는 것도 방법이다.

수십 년간 마오쩌둥을 돌본 주치의가 있었다. 물론 마오쩌둥의 신뢰와 총애를 한 몸에 받았을 터다. 그런데 마오쩌둥은 자신의 주치의를 정기적으로 시골 농장에 보내 고된 육체노동을 하게 했다. 노동의 고통을 맛보며 자신이 얼마나 혜택을 받고 있는지, 자신의 분수가 무엇인지 정확히 알라는 경고의 메시지를 은연중에 보낸 것이다.

최고위 공산당 간부들도 병원에 입원할 때는 마오쩌둥의 허가를 받아야 했다. 사실상 2인자였던 저우언라이(周恩來)도 말년에 이래 저래 마오쩌둥에게 허락받는 것을 미루다가, 건강이 아주 악화된 다음에야 허가를 받고 입원을 했다 한다.

윗사람이라면 뭔지 모를 초연함과 신비함이 있어야 한다.

회사가 어렵다고 CEO가 호들갑이라도 떨어봐라. 그 회사, 알 만하다. 리더는 쉽게 속내를 드러내선 안 된다. 신비한 베일에 가려진 면이 하나쯤은 있어야 한다. 일례로 자신의 스케줄을 전부 공개하기보다는, 일부는 공란으로 비워둘 필요가 있다.

맥아더(Douglas MacArthur) 장군의 참모들은 가끔 홀연히 사라지는 그 때문에 무진장 애를 먹었다. 맥아더가 때로는 최전방으로, 때로는 사병들 막사로 혼자서 움직이는 일이 있었던 것이다. 이것이 바로 신비하게 움직이는 장군의 리더십이다.

맥아더 장군의 리더십을 보여주는 또 다른 사례가 있다. 그가 필리핀을 재탈환하였을 때의 일화다. 어느 날 미군의 대공포탄이 느닷없이 날아와 장군의 숙소 소파에 꽂혔다. 보통 장군 같으면 당장 방공포 대장을 불러 야단법석을 떨었을 게다. 그런데 맥아더는 다음 날 장교식당에 온 방공포 대장의 식탁 위에 그 포탄을 올려놓으며 한마디 했다. "다음부터 자네 부하들보고, 조준을 제대로 하라고 전해주게." 방공포 대장은 쥐구멍이라도 찾고 싶은 기분이었을 것이다.

어떤 때는 일본의 전투기가 맥아더 사령부 위로 날아와 기총소사(機銃掃射, 근접 비행을 하면서 적을 기관총 등으로 난사하는 일)를 했다. 그런데 장군은 태연히 면도를 계속하였다 한다. 2차 세계대전을 지휘하는 리더로서 부하들에게 의연한 리더십을 보여준 것이다.

한편, 2차 세계대전 때 맥아더 장군과 쌍벽을 이뤘던 드와이트 아이젠하워(Dwight Eisenhower) 장군은 다른 종류의 리더십으로 유명하다. 중요한 결정을 내릴 때, 잘못되면 자신이 모든 걸 책임지겠다는 희생정신을 보여준 것이다.

1944년 6월 노르망디 상륙작전을 감행할 때 일기가 좋지 않았다. 6월 4일이었던 상륙 예정일을 기상악화로 연기, 다음 날로 또 연기. 여전히 기상이 좋지 않았지만 또 한 번 연기하면 조수간만의 차 때문에 보름을 기다려야 했다. 그러면 독일군이 상륙작전을 알아차릴 수도 있다. 날씨가 나쁘더라도 내일 감행하느냐, 아니면 보름을 연기하느냐 하는 기로에서 아이젠하워는 전자를 택했다. 그러곤 메모지를 꺼내 뭔가를 적고 지갑에 넣었다.

'이번 상륙작전의 결정은 전적으로 나의 판단 하에 내려진 것이며, 만약 잘못되더라도 모든 책임은 나에게 있다.'

작전이 실패할 경우 발표할 메시지였다.

여러분도 중요한 결정을 내릴 때, 설사 부하들의 건의를 받아들여 내리는 결정이라 하더라도 결과에 대한 책임은 자신이 지는 '리더의 희생정신'을 보여줘야 한다. 그래야만 부하들이 신뢰하고 따르며, 당신을 믿고 좋은 직언을 한다.

첫째, 리더에겐 '두 가지 칼'이 필요하다. 세종대왕이나 이순신 장군처럼 때로는 부하들을 아주 엄격하게 채찍질하고 한편으론 부하들을 감싸주는 리더십을 발휘해야 한다.

둘째, 아무리 소통이 중요한 시대라고 말하지만 리더는 신비함과 엄격함을 가져야 한다. 그렇지 않으면 부하들이 리더를 우습게봐 기강이 해이해지고 조직이 흔들릴 수 있다.

셋째, 리더십은 부하들이 감격할 정도의 리더의 자기희생과 모범적인 헌신에서 나온다는 사실을 잊지 마라. 해외출장을 갈 때나 법인카드를 쓸 때 자기 이익만을 철저히 챙긴다면 아무리 리더십을 발휘해봤자 먹혀들지 않을 것이다. 따라서 때로는 부하들이 깜짝 놀랄 정도로 조직을 위해 자기 자신을 던지는 모습을 보여줄 필요가 있다.

빌 클린턴과
칭기즈칸의 비기(祕器),
전략적 침묵

침묵은 때로 상대를 압도하는 최고의 전략이다

2009년, 빌 클린턴(Bill Clinton) 미국 전 대통령이 호랑이 소굴 같은 평양으로 홀연히 날아가, 억류된 두 미국인 기자를 구해냈을 때, 세계는 환호했다.

그런데 참 이상한 장면이 카메라 앞에서 펼쳐졌다.

풀려난 기자들은 감격의 눈물을 흘리며 연신 클린턴에게 감사의 찬사를 보내고, 옆에 선 앨 고어(Al Gore) 미국 전 부통령까지 흥분해 떠들어대는데, 정작 스포트라이트의 주인공인 클린턴은 그저 야릇한 미소만 지으며 침묵을 지키는 것이 아닌가? 클린턴이 원래 이런 사람이 아닌데 말이다. 이러한 상황에서 듣는 이의 가슴이 뭉클해질 정도의 명연설을 충분히 해낼 수 있는 인물인데 말이다.

자신의 주가를 높일 수 있는 절호의 찬스에, 그는 왜 침묵을 지킨 걸까? 그런데 클린턴의 묘한 침묵은 오히려 미국인들 사이에서 그의 인기를 치솟게 하였다. 그의 침묵을 사람들은 이렇게 해석한 것이다. '저렇게 멋진 일을 했으면서, 자화자찬도 하지 않고 입을 꾹 다물고 있다니!'

협상 이론에서는 클린턴 같은 침묵을 두고 '전략적 침묵(strategic silence)'이라 한다. 일부러 입을 다물고 침묵을 지킴으로써, 협상에서 유리한 고지를 점령하거나 상대 혹은 대중의 마음을 움직이는 고차원의 전략인 것이다.

지도자로서 리더십을 발휘할 때건 협상 테이블에 앉아 있을 때건 간에, 때로는 명연설이나 달변보다 수수께끼 같은 침묵이 더 큰 효과를 발휘할 때가 있다.

칭기즈칸도 신하들 앞에서 항상 묘한 침묵을 지키며 말을 아꼈다. 왕에게 아첨을 하려던 신하건 직언을 하려던 신하건 간에, 도대체 왕의 마음속을 알 수 없으니 당황할 수밖에! 인간은 당황하거나 초조해지면 말이 많아진다. 물론 여기엔 '하지 말아도 될 말들'까지 섞이게 된다. 속내를 들키기 십상인 것이다.

부하 장수들을 능수능란하게 부리며 세계를 정복한 칭기즈칸의 힘은, 바로 이같이 전략적 침묵을 활용할 줄 아는 지혜에서 나왔다. 그런데 칭기즈칸이 처음부터 그랬던 것은 아니다. 젊은 시절에는 오히려 장황하게 떠들어대는 스타일이었다. 통치를 하면서 차츰 달변보다는 침묵이, 신하들을 그의 권위 아래 굴복시키는 데 효과적이란 사실을 깨우친 것이다.

박정희 전 대통령도 집권 초기에는 과묵하게 침묵을 지키는 통치자였다. 각 분야의 전문가들을 불러 저녁을 먹으면 주로 상대의 이야기를 조용히 경청하는 스타일이었다. 대통령 앞에서 자칭 타칭 전문가들이 입에 거품을 물고 떠들면, 통치에 필요한 최고의 지식과 정보를 얻을 수 있었을 게다! 하지만 안타깝게도 그는 말년에 독재자로 변하면서, 남의 말을 듣기보단 일방적으로 이야기하길 즐겼단다. 칭기즈칸과는 다른 길을 걸은 것이다.

리처드 셸 교수의
'3단계 경청 전략'

● "나는 말솜씨가 좋아. 협상에는 자신 있어." 이렇게 협상에 자신감이 넘치는 사람이 있을 것이다. "나는 말솜씨가 형편없어. 중요한 협상을 맡으면 헤매다가 망쳐버릴 거야." 이렇게 걱정하는 사람도 있을 것이다.

미안한 이야기지만, 두 사람 다 틀렸다!

"제발 떠버리 협상가가 되지 말라(Never blabber mouth negotiator)!" 미국 교수들이 비즈니스맨들에게 협상 강의를 할 때, 제일 많이 강조하는 이야기다. 학자들이 연구한 바에 의하면, 협상에서든 리더십에서든 말솜씨(speaking skill)보다는 잘 들어주는 솜씨(listening skill)가 훨씬 중요하다는 것이다. 물론 상황을 적절히 이용한 전략적 침묵은 그야말로 금상첨화이고.

여기서 리처드 셸(Richard Shell) 펜실베이니아대학교 와튼스쿨 교수의 '3단계 경청 전략'을 살펴보자.

- 협상 테이블에서건 부하들 앞에서건, 입을 꾹 다물고 상대가 먼저 이야기하게 만들어라.
- 상대에게 질문을 슬슬 던지며 '포지티브 리스닝(positive listening)'을 하라.
- 마지막으로 입을 열어 간략하게 코멘트를 하라.

당신이 대기업 직원이라고 가정하고, 인도네시아 중견기업의 수카르토 상무와 처음 만나 상담을 시작했다고 해보자. 흔히들 "우리 회사로 말하면 한국 굴지의 제조업체이며 수출이 어쩌고저쩌고"라는 식으로 속사포같이 쏘아대면서 기선을 잡으려 할 것이다. 셸 교수에 의하면 제발 그러지 말라는 것이다.

우선 상대가 지껄이도록 만들어라.

이는 경청 전략의 첫 번째 원칙이다. 그럼, 어떻게 상대를 지껄이게 만드느냐?

간단하다. 한국의 대기업 앞에 기가 죽어 있는 수카르토 상무의 회사를 슬쩍 칭찬해보시라. 인간은 칭찬을 들으면 말문을 연다. 칭찬에 고무되어 상대가 신나게 자기 회사 자랑을 하기 시작하면, 이건 귀중한 정보 보따리를 당신에게 풀어놓는 셈이다.

버락 오바마(Barack Obama) 미국 대통령의 회고록을 보면, 상원의원 시절 몇 시간을 운전하며 유권자들을 만나러 다녔다고 한다. 유권자들을 만나면 이야기를 하고 싶어 입이 근질근질거렸는데, 이걸 꾹 참고 상대의 이야기를 들으면서 맞장구를 쳐주었다는 것이다.

경청 전략의 다음 단계는 '포지티브 리스닝'을 하는 것이다.

이는 자연스럽게 상대와 눈을 맞추고, 상대의 이야기에 관심을 보이면서 마치 추임새처럼 질문을 던지는 전략을 뜻한다. 협상에서 재치 있는 질문만큼 상대에 대한 최고의 '아첨'은 없단다.

"수카르토 상무님, 중국에 그렇게 많이 수출을 하시다니 대단하시네요! 일본에도 진출하셨나요?"

이런 질문은 상대의 기분을 띄워주면서 그의 마음을 사고, 상대가 더욱 많은 이야기를 털어놓도록 만들어 필요한 정보를 챙기는, 일석이조의 효과가 있다.

포지티브 리스닝의 또 다른 방법은 상대와 '감정의 눈높이'를 맞추는 것이다. 예를 들어 승진에 누락된 부하가 하소연을 할 때는 같이 안타까워하고, 반대로 영전된 부하와는 같이 즐거워하는 것이다.

특히 젊은 사람들과 직장생활을 할 때는 너무 노티를 내지 말고 감정의 눈높이를 맞추는 것이 아주 중요하다.

경청 전략의 마지막으로, 말을 간결하게 하라.

칭기즈칸도 신하들이 한참 떠들게 만들고는 마지막에 짧은 한마디를 던졌다. "생각해보겠다."

과거 서강대학교에 훌륭한 미국인 총장이 한 분 계셨는데, '전략적 침묵'과 '포지티브 리스닝'을 제대로 아시는 분이었다. 그는 교수회의에서 교수들이 마음껏 이야기하게 한다. 자신은 단지 고개를 끄덕이며 열심히 들을 뿐이다. 그리고 회의 말미에 지금껏 나온 의견을 종합해, 자신의 견해를 단호히 밝혔다. "이렇게 합시다. 이것이 나의 결정입니다(It's my decision)." 그러면 회의는 끝이다. 그 당시 서강대는 이 미국인 총장의 리더십 아래 아주 원활하게 움직이고 있었다.

글로벌기업의 CEO나 국내 대기업 CEO들도 정치인 못지않게, 경청과 침묵의 진가를 잘 알고 있는 것 같다.

아이폰을 출시하여 세계 모바일시장에 선풍적인 바람을 일으킨 애플(Apple)의 CEO 스티브 잡스(Steve Jobs)는 자기 자신을 CLO(Chief Listening Officer, 최고경청자)라고 칭한다. 말하자면 거대한 애플을 이끌어감에 있어서 지시나 명령을 내리기보단 창의적인 아이디어를 가진 부하들의 이야기를 잘 들어주는 것이 잡스의 경영방침인 것이다.

제프리 이멜트(Jeffrey R. Immelt) GE 회장은 "간부회의에서 내가 먼저 말하지 않고 그저 부하들의 이야기를 들으며, 회의 참석자들이 정답을 찾아내도록 유도한다"라고 말했다. CEO로서 그의 역할은 토론의 불씨를 지피는 것이다. 항상 특유의 카우보이모자를 쓰고 회의에 참석했다는 제이미 휴턴(Jamie Houghton) 코닝(Corning) 전 CEO도 비슷한 스타일이다. 그는 "CEO가 해야 할 가장 중요한 역할은 직원들에게 질문을 던져 활발한 의견교환을 유도하는 것"이라고 강조한다.

이건희 삼성전자 회장도 경청하는 스타일이어서 임원들이 회의를 주재하는 편이며, 구본무 LG그룹 회장도 직접 말하기보다는 듣기를 즐기는 스타일이다. 구 회장은 직원들이 편안하게 느끼도록 회의의 격식을 파괴했을뿐더러, 회의 중에 질책하는 일도 거의 없다고 한다. 최태원 SK 회장도 양방향 토론을 즐기는 타입이다. 물론 대기업 CEO라고 모두 그런 건 아니다. 김우중 전 대우그룹 회장은 직원들의 이야기를 듣기보단 일방적으로 회의를 진행하는 스타일이었다고 한다. 결국 총수가 일방적으로 밀고 나가던 대우는 무너졌다.

때론 입은 재앙을 부르는 문(門)일지니, 차라리 그 입을 다물라 • 침묵이나 경청만이 능사는 아니다. 예를 들어 만찬이나 회의에서는 계속 침묵을 지키고만 있을 수

없는 노릇. 하지만 말을 해야 하는 순간에도 여러분께 꼭 당부하고 싶은 것이 있다. 좋은 스피치를 하는 것보다 당시 상황에 맞는 적절한 길이의 스피치를 하는 것이 정말 중요하다는 말씀이다. 그리고 상대의 기분이나 감정을 살피는 것도.

몇 년 전, 호주에서 열린 국제세미나에 참석한 일이 있다. 국내 학회가 외국 학회와 손잡고 공동으로 주최한 세미나기에, 참석자의 절반 정도가 한국인 교수였다. 세미나가 끝나고 만찬이 있기 전에 현지 대사에게 소위 말하는 '디너 스피치'를 부탁했다. 모두가 서서 들어야 하는 스탠딩 뷔페였기에 대사가 한 15분 정도 이야기하고 건배 제의를 할 줄 알았다.

그런데 웬걸?

30분이 지나고 40분이 지나도 이야기가 그칠 줄 몰랐다. 배도 고프고, 다리도 아프고 모두들 짜증이 나기 시작했다. 대사가 신나게 떠들어대는 주제가 한국·호주 관계였으니 대부분의 교수들이 관심을 가진 주제도 아니었다. 그런데도 대사는 쉴 새 없이 이야기하다가 결국 1시간 만에 입을 다물었다.

그래도 교수들은 참 점잖다. "대사님, 정말 스피치가 좋았습니다." 누군가가 말했다. 그 말을 들은 대사는 좋아서 입이 다물어질 줄 몰랐다. 그 자리의 교수들이 속으론 짜증이 머리끝까지 치민 건 모르고 말이다. 참으로 한심한 외교관이다.

정식 연설을 할 때건 만찬에서 건배사를 할 때건, 눈치껏 길고 짧게 할 때를 가려서 해야 한다. 특히 음식을 앞에 둔 만찬이나 오찬에서는 아무리 흥에 겨워 떠들어보았자 역효과만 난다는 걸 잊지 마라. 결국 결론은 어설프게 입을 열 바에는 침묵이 낫다는 이야기다.

후당의 정치가이자 시인이었던 풍도(馮道)는 〈설시舌詩〉라는 작품을 통해, 이렇게 읊은 바 있다.

"입은 재앙을 불러들이는 문이요, 혀는 몸을 자르는 칼이로다. 입을 다물고 혀를 깊숙이 감추면 어느 곳에서나 몸이 편안하리라."

우리 속담에서도 "혀 밑에 도끼가 있다"라고 했다.

동서고금을 막론하고, 함부로 지껄여대는 것보다는 남의 말을 들어주는 경청의 기술이 더 중요하다. 협상에서 말하는 것보단 듣는 게 유리하다는 과학적 근거도 있다. 학자들이 연구한 바에 의하면, 인간은 1초에 두 단어를 이야기할 수 있는데 반해 1초에 여덟 단어를 들을 수 있다고 한다. 이는 '말하는 자'보다 '듣는 자'가 훨씬 차분하게 상대의 태도나 표정을 살피고 생각할 수 있으며, 이로써 협상에서 유리한 고지를 점령할 수 있다는 걸 의미한다.

중국인과 인도네시아인들은 전략적 침묵을 참으로 잘 활용한다. 만약 협상 테이블에서 여러분이 인도네시아인들에게 질문을 던지면, 그들은 아무런 대답도 안 하고 빤히 여러분의 얼굴을 쳐다보기 일쑤다. 이럴 때 대부분의 사람들은 당황한다. '내가 무슨 말실수라도 했나?' 그러곤 실수를 만회하려고 이런 말 저런 말을 늘어놓게 된다. 일반적으로 숙련되지 못한 사람이나, 상대적으로 불리한 을의 입장에서 협상할 때일수록 상대방의 전략적 침묵에 말려들기 쉽다. 여러분도 협상에서 이 같은 전략적 침묵을 적절히 써먹으시길!

전략적인 침묵은 상대를 조용히 압도하는 기술이다. 당신의 침묵은 상대를 궁금하게 만들고 긴장시키고 결국 애가 타게 만든다.

그런데 여기서 한 가지 조심할 필요가 있다. 윗사람을 모시고 있을 때, 지나친 침묵은 자칫 오해를 불러일으킬 수도 있다는 사실이다. 일반적으로 윗사람들은 부하가 너무 침묵을 지키면, '무슨 음흉한 꿍꿍이가 있나보다'라고 생각하기 십상이다. 윗사람과는 회의든 협상이든 대화를 마치고 나면, 분위기에 맞추어 약간의 조크도 하고 말 재롱도 떨어야 한다.

윗사람 역시 '침묵 뒤의 한 방'을 경계해야 한다. 윗사람이 무심코 뱉어낸 말이 잘못하면 말 그대로 '촌철살인'할 수도 있음을 명심하라. 1970년대 박정희 전 대통령이 경상도의 모 군청을 방문한 적이 있다. 한창 불길이 번지던 새마을운동을 점검하기 위해서였다. 브리핑을 다 듣고, 군청 문을 나서던 대통령이 군수에게 한마디 던졌다.

"자네, 얼굴이 하얗군."

얼마 후, 그 군수가 쫓겨났다. '과잉충성'을 한 측근이 대통령의 말을 군수에 대한 질책으로 이해한 탓이다. 즉 새마을운동을 열심히 독려하려면 농촌을 돌아다녀야 하고 그러다보면 얼굴이 햇볕에 그을리는데, 군수 얼굴이 하얗다는 것은 열심히 일하지 않았다는 뜻. 바로 그 점을 대통령이 지적했다고 받아들인 것이다. 물론 지금도 박 대통령이 왜 그런 말을 했는지는 알 수 없다.

어쨌거나 중요한 사실은 여러분이 '전략적 침묵'을 무기로 과묵한 스타일을 취하겠다면, 침묵 끝에 내뱉는 한마디의 위력을 항상 염두에 둬야 한다는 것이다.

첫째, "제발 마구 지껄이는 협상가가 되지 마세요!" 미국 교수들이 비즈니스맨들에게 협상 강의를 할 때 제일 강조하는 말이다. 말 잘하는 것보다 남의 말을 잘 들어주는 것이 백 배 더 중요하다는 사실을 명심하라. 오죽하면 애플의 스티브 잡스도 자신을 최고경청자라고 불렀겠는가.

둘째, 상대가 이야기를 할 때 반드시 포지티브 리스닝을 해야 한다. 상대와 자연스런 눈 맞춤을 하며 질문을 던지고 감정의 눈높이를 맞추는 것이다. 상대가 즐거워하면 같이 즐거워해 주고 상대가 안타까워하면 같이 안타까워할 줄 알아야 한다. 상대의 마음을 여는 방법이다.

셋째, 때로는 침묵으로 시간을 벌어라. 회사 내 예민한 사안에 대해 상사의 급작스러운 질문을 받았다고 즉시 성급하게 대답할 필요는 없다. 상대의 의중을 파악하고, 가장 적합한 답을 내놓을 수 있을 때까지 침묵으로 시간을 벌어라. 물론 상사가 던진 화두에 대해 당신이 진지하게 고민하고 있다는 표정은 반드시 지으면서.

넷째, 때로는 침묵으로 상대를 자극하라. 침묵은 상대를 궁금하게 만든다. '저 사람이 무슨 생각을 하고 있는 거지?', '어떤 이야기를 하려고 입을 다물고 있는 거지?' 궁금증은 불안함으로 이어지고 심지어 두려움으로까지 번져간다. 상대가 정서적으로 당황할 때를 기다려라. 감정이 이성을 앞선 상황에서는 당신의 말이 더욱 파괴력을 지닌다.

당태종과 피터대제는
어떻게 숙적을 제거했나

단칼에 제거하거나 과감히 끌어안거나

몽골 초원에서 부의 척도는 기르는 가축의 수이다. 500여 마리의 가축을 키운다면 중산층. 유목생활을 하며 자식들을 도시에 유학 보낼 수 있는 정도다. 대개 말과 양, 그리고 염소를 섞어서 방목하는데 그중에서도 말은 몽골인들에게 없어선 안 될 귀중한 동물이다. 타고 달리는 것은 물론이고, 말 젖으로 요구르트도 만들고 술도 만들어 마신다.

몇 년 전, 바이칼호(湖)와 붙어 있는 몽골 북쪽의 호수 홉스굴에 간 적이 있다. 몽골에서도 최고의 오지로 따로 길이 없어 달리는 게 길이고, 보이는 건 푸른 초원과 하늘, 그리고 둥둥 떠 있는 몇 점의 구름뿐이다. 아직도 게르(ger)라는 흰 텐트를 치고 유목생활을 하는

데, 방문객인 우리에게 몽골 아줌마가 방금 만든 요구르트를 권했다. 맛을 보니 평생 먹어본 요구르트 중 최고였다. 말 그대로 자연 그대로의 무공해 요구르트인 셈이다. 초원의 몽골인들은 지구상에서 아직 문명의 때가 묻지 않은 채 행복하게 사는 유목민이라는 인상을 받았다.

하지만 칭기즈칸 이전까지 몽골 초원의 역사는, 여러 부족 간 약탈전쟁의 역사였다.

힘이 강해진 한 부족이 적대 부족을 습격한다. 기습을 받은 부족은 한동안 버티다, 결국 건장한 전사들이 부족원과 가축을 버리고 도망간다. 모든 걸 버리고 목숨만 부지하는 셈이다. 그런데 묘한 것은 승리한 부족이 그들을 끝까지 추격하지 않는다는 점이다. 습격의 목적이 약탈이었기 때문에, 전투원들은 서로 먼저 전리품을 차지하느라 정신이 없다.

도망간 부족원은 권토중래(捲土重來)의 보복 기회를 노리다, 힘을 키워 다시 옛날의 적을 습격한다. 여기서 지난번과 동일한 일이 반복된다. 건강한 전사는 말을 타고 줄행랑을 치고 남겨진 가축과 부족원은 승자의 전리품과 노예가 되는 것이다.

말하자면 끊임없는 약탈과 보복으로 이어지는 악순환이 몽골 초원에서 반복되었다.

약탈 게임의 룰을 바꾼 것은 바로 칭기즈칸이다.

그는 일단 다른 부족과 전쟁을 벌이면 끝까지 상대를 추격해 아예 씨를 말려버렸다. 부하들이 절대 전투 중간에 전리품을 차지하고자 날뛰지 못하도록 했다. 전리품은 모두 모아 전쟁이 끝난 후 전공에 따라 공정하게 배분했다. 저항하는 적대 부족의 우두머리와 귀족들은 모두 죽여 보복의 후환을 없앴다. 대신 투항한 부족원은 노예가 아닌 몽골사회의 일원으로 과감히 끌어안았다.

칭기즈칸은 '약탈 전쟁'을 '정복 전쟁'의 게임으로 바꿔, 약관 26세에 몽골 초원의 흩어진 부족을 통일하고 그 힘으로 인류역사상 가장 큰 몽골제국을 건설한 것이다.

칭기즈칸의 이 같은 전략은 서하, 금 등 다른 나라를 정복할 때도 똑같았다. 반항하는 숙적은 가차 없이 씨를 말려 후환을 없애고, 나머지는 몽골군대의 일원으로 끌어안았다. 세계를 정복한 몽골군대의 저력은 군단의 파괴력, 칭기즈칸의 지도력뿐만 아니라 요즘 말하는 '글로벌 경영'도 한몫을 하였다. 어떠한 부족이건 간에 일단 몽골사회에 편입된 이상, 능력과 업적에 따라 십인장, 백인장, 천인장으로 출세할 수 있는 길을 열어놓은 것이다.

우선 숙적을 둘로 나누어라. 꼭 제거해야 할 숙적과 끌어안아야 할 숙적으로. 전자는 무자비할 정도로 제거하되, 후자는 과감히 끌어안아라. 이것이 칭기즈칸으로부터 배우는 역사의 교훈이다.

국가를 운영하든 기업을 경영하든, 숙적은 존재하기 마련이다. 숙적은 조직 내부에 있을 수도 있고, 외부에 있는 경쟁자일 수도 있다. 어디에 있는 숙적이건 이들을 잘 다루지 못하면 화를 당한다.

그 좋은 예가 삼성그룹과 현대자동차의 비자금 사건이다. 두 건 모두 검찰이나 사정기관에 의해 터진 것이 아니고, 그룹에 몸담고 평소 신뢰를 받아 핵심정보에 접근할 수 있었던 내부의 숙적에 의해 터진 사건이다. 문제는 어떠한 종류의 숙적이건 간에 이를 어떻게 다루어야 하느냐는 것인데, 칭기즈칸의 사례를 통해 얻을 수 있는 교훈은 다음과 같다.

우선 숙적을 둘로 나누어라. 꼭 제거해야 할 숙적과 끌어안아야 할 숙적으로.

위협이 되는 숙적은
머뭇거리지 말고 제거하라 ● 수나라를 무너뜨리고 당나라를 세운 고조(高祖)에게는 세 아들이 있었다. 맏아들인 건성(建成), 둘째 아들인 세민(世民, 후일의 태종), 그리고 막내인 원길(元吉)이다.

왕위계승을 놓고 치열한 암투를 벌이던 이건성은 숙적인 세민을 제거하고자 몇 차례 묘략을 꾸민다.

하루는 세민을 초대해 성대히 베푼 연회에서 슬쩍 세민의 잔에 독약을 넣었고, 이를 마신 세민은 밤새 괴로워하며 피까지 토했다. 하지만 독약의 양이 부족했는지, 세민은 살아남았다. 건성은 포기하지 않는다. 다음에는 사냥을 갈 때 세민을 사나운 말에 태웠다. 사냥터에서 노루를 쫓다가 야생의 기운이 살아난 말 때문에, 세민은 3~4미터 밖으로 나가떨어졌지만 이번에도 구사일생으로 목숨을 건졌다.

독약과 야생마로 엉성하게 숙적을 제거하려다 실패했으니, 남은 것은 이를 알아차린 이세민의 반격뿐이다. 형의 적의를 눈치 챈 세민으로선 당하지 않으려면 먼저 상대를 제거하는 수밖에 없다. 626년 6월 4일 드디어 이세민은 '현무문의 변'을 일으킨다. 현무문은 황궁으로 들어가는 요충지. 건성이 고조를 만나러 가기 위해 현무문에 들어서자 미리 매복시킨 병사들과 함께, 그를 죽여버린 것이다.

형을 죽인 세민의 행동에 질려버린 고조는 결국 왕위를 둘째 아들에게 양보하고, 이세민은 당태종으로 즉위한다. 숙적 이세민을 한칼에 제거하지 못하고 적의만 드러낸 이건성은 결국 동생에게 당해 모든 것을 잃은 셈이다. 목숨마저도.

이건성과 같이 숙적을 단번에 제거하지 못하고 어설픈 헛발질만 하다간, 오히려 본인이 당하기 십상이다. 박정희 대통령이 서거하고 난 후, 계엄군 사령관이던 정승화 장군은 눈엣가시 같은 보안사령관 전두환 장군을 제거하려 했다. 하지만 우유부단하게 움직이다가 정보가 샜고, 이를 알아챈 전두환이 12.12 사태를 벌이면서 도리어 본인이 제거당하고 만 것이다.

물론 숙적이라고 해서 무조건 바로 처단하는 것이 능사는 아니다. 때로는 시간을 벌면서 그를 안심시키고 기회를 노려야 할 경우도 있다. 피터대제의 사례처럼 말이다.

러시아의 피터대제는 어린 나이에 왕위에 오른다. 나이가 너무 어리기에 무늬만 왕이지, 실권은 나리슈킨(Naryshkin) 가문의 섭정이 차지하고 있었다. 그는 정식 교육도 제대로 받지 못하고 모스크바 인근의 외국인 거주 지역에서 어머니와 함께 살았다. 권력으로부터 소외된 피터의 유일한 낙은 같은 또래의 귀족 자제들과 전쟁놀이를 하는 것이었다. 세묘노프스키(Semenovskii) 연대 등, 러시아의 유명한 부대는 모두 어린 시절의 전쟁놀이에서 유래되었다.

권력을 쥔 나리슈킨 가가 그를 홀대하고 건방지게 굴어도, 피터는 전혀 개의치 않았다. 그의 관심은 첫째도 전쟁놀이, 둘째도 전쟁놀이였다. 모형 요새를 만들어놓고 편을 나누어 서로 공방전을 벌이고 행군하는 재미에 빠져 하루를 보내기 바빴다. 나리슈킨 가는 이런 피터를 마냥 전쟁놀이에 열중하는 철없는 소년 정도로 과소평가하였다.

하지만 피터는 속에 무서운 칼을 품고 있었다. 그에게 전쟁놀이는 복수의 칼날을 가는 작업이었다. 놀이를 통해 귀족 자제들과 단단한 전우애를 다지면서, 그들의 충성심을 얻어내고 있던 것이다.

시간이 흘러 피터는 17세의 청년이 되었고, 병정놀이를 하던 친구들도 늠름한 장교가 되었다. 드디어 숙적인 나리슈킨 가를 제거하고 왕권을 회복할 기회가 온 것이다. 어느 날 피터는 아무 일 없는 듯이 섭정을 불렀다. 섭정이 평소처럼 거드름을 피우며 방으로 들어온 그때, 장막 뒤에 있던 피터의 친구들, 즉 호위장교들은 단칼에 그를 해치웠다. 이로써 피터는 전광석화같이 왕권을 장악할 수 있었다.

만약 피터가 평소 섭정에 불만을 드러내고 서로 티격태격했다면, 상대가 그렇게 쉽게 당하지는 않았을 것이다. 매사에 그를 경계했을 테니 말이다. 전쟁놀이에만 열중하는 피터를 보고 방심했기에 완전히 당한 것이다.

숙적을 제거하려면 피터대제식으로 해치워야 한다. 이건성같이 어설프게 적의를 드러냈다간 도리어 자기가 당하기 십상이다. 평소에는 철저히 적의를 감추다 기회를 틈타 전광석화같이 해치워야 한다.

이는 오늘날 기업경영이나 직장생활에서도 마찬가지이다.

여러분이 데리고 있는 간부 한 명이 마음에 안 들고, 아무리 생각해도 회사에 도움이 안 될 인물이라 하자. 그렇다고 그에 대한 적의를 드러내고 사사건건 들볶으며 '언젠가는 너를 이 회사에서 쫓아내고 말거야'라는 메시지를 전할 필요는 없다. 섣불리 본심을 드러내면, 오히려 상대가 당신의 약점을 하나하나 긁어모아 결정적인 순간에 뒤통수를 칠 수 있다.

미국에서 오랜 기간 직장생활을 한 지인이 오랜만에 서울에 나와, 술잔을 기울이며 많은 이야기를 나누었다. 미국기업에서는 부하직원이 마음에 안 들어도 "잘했어요(You did good job)"라며 칭찬한다고 한다. 뒤에서 그에 대한 근무평가는 낙제점을 주면서 말이다. 각종 소송이 많은 미국 같은 사회에서 괜스레 부하를 야단치거나 꾸짖다가는 불필요한 약점이 잡혀 오히려 그 부하에게 당할 수 있기 때문이란다. 야단친 부하가 흑인일 경우 인종차별로, 여성일 경우 성희롱이나 여성차별 등으로 고소당한다는 것이다.

그래서 제거할 직원과 겉으로는 웃으며 좋게 지내면서 근무평점만 나쁘게 주면, 위에서 알아서 그 직원을 쫓아낸다는 것이다. 비열하게 들릴지 모르지만, 실제 비즈니스 현장에서 빈번하게 일어나는 이야기다.

때론 숙적을 과감히 끌어안아
자기편으로 만들어라 • "어쩌면 내일 협상이 끝나면 내 인생의 마지막 날이 될지도 모르겠다."

1865년 4월 9일, 버지니아주 애포매틱스로 북군 총사령관 율리시스 그랜트(Ulysses Grant)를 만나러 가며 로버트 리(Robert Lee) 장군은 홀로 중얼거렸다. 개전 초기에는 승승장구하던 남군이 빅스버그 전투에서의 패배를 고비로 점점 수세에 몰리기 시작하더니, 급기야 남부 연합의 수도인 리치몬드까지 함락당했다. 남은 패잔병을 이끌고 도주하던 남군 총사령관 로버트 리는 더 이상의 전투는 의미가 없다고 생각하고, 부하들의 희생을 줄이기 위해 항복을 결심한다.

그랜트에게 애포매턱스에서 만나자고 전령을 보낸 리 장군은, 우아한 회색 군복에 반짝반짝 빛나는 군화를 신고 멋진 칼을 차고 길을 나섰다. 어쩌면 항복 문서에 서명한 후 그랜트 장군이 자신을 반역의 수뇌로서 총살시킬 수도 있다는 생각에, 군인으로서의 마지막 순간을 명예롭게 장식하기 위해서였다.

그런데 두 장군의 대면이 이루어지고 간단한 협상이 진행된 후, 그랜트 장군의 입에서 믿기 힘든 말이 흘러나왔다. 리 장군은 물론, 모든 남군 병사들은 그냥 고향으로 돌아가라는 것이다. 전쟁 포로 같은 이야기는 아예 입에 올리지도 않았다. 타고 있던 말도 그대로 주었을 뿐만 아니라 굶주린 남군 병사들에게 식량까지 제공하였다. 이에 감격한 것은 리 장군 혼자만이 아니었다. 5년이 넘는 내전으로 모든 것을 잃고 적개심에 불타던 남부 전체에서, 북군에 대한 그간의 원한이 봄눈 녹듯이 사라졌다.

만약 그랜트 장군이 숙적인 리 장군을 전범으로 몰고, 남군 패잔병을 전쟁 포로수용소에 집어넣고 혹독하게 다뤘다면 무슨 일이 벌어졌을까?

만약 그랬다면 남북전쟁의 상처가 남아, 오늘날까지 미국인의 마음속에 '북부 아메리카'와 '남부 아메리카'라는 두 개의 미국이 자리 잡고 있었을지도 모른다. 당시로는 상상하기도 힘들었던 그랜트 장군의 '과감한 숙적 껴안기' 덕분에 피비린내 나는 남북전쟁의 상처가 빨리 아물 수 있었다.

한 나라를 통치하건 기업을 경영하건 간에, 내부나 외부의 숙적을 끌어안아 자기편으로 만들 줄도 알아야 한다.

가깝게는 버락 오바마 미국 대통령이 2008년 민주당 경선에서 치열하게 경쟁하던 힐러리 클린턴(Hillary Clinton)을 국무장관에 발탁한 사례를 들 수 있다. 덕분에 외교문제에 무지한 자신의 정치적 약점을 교묘히 보완하고 있는데, 숙적을 끌어안아 누이 좋고 매부 좋은 '윈-윈(win-win) 게임'을 하는 셈이다. 사회주의자인 프랑스의 프랑수아 미테랑 전 대통령도 1980년대 평생의 정적인 우파의 자크 시라크(Jacques Chirac)를 총리로 발탁, 좌우연합정권을 수립하며 어려운 정치적 위기를 넘긴 바 있다.

그런데 문제는, 끌어안고 싶은 상대의 속마음을 모를 때이다. 이때는 당태종 이세민의 유명한 일화에서 한 수 배울 필요가 있다.

당태종의 오른팔이었던 장수 위지경덕(尉遲敬德)은 원래 당태종의 맞수였던 유무주(劉武周)의 수하에 있다가 투항하였다. 그와 함께 투항하였던 심상(尋相)이 배신하고 떠나자, 당태종의 신하들은 위지경덕도 배반할 것이라 생각하고 그의 제거를 건의하였다. 그러나 당태종은 어쩌면 자신의 숙적이 될 수도 있는 위지경덕을 다른 식으로

다루었다. 그를 은밀히 자신의 재실로 불러 금은보화를 하사하며 말하길,

"만약 그대가 심상처럼 나를 떠날 마음이 있으면 내가 주는 이 재물을 노자 삼아 떠나시오. 아무런 부담도 갖지 말고, 우리가 잠시 마음을 나누었다는 정표로 생각하면 되오."

이 말을 들은 위지경덕은 눈물을 흘리며 평생 충성을 다할 것을 맹세하였다. 당태종은 절묘한 협상 전략으로 숙적의 마음을 잡아 자신의 충복으로 만든 것이다. 상대의 속마음을 모를 때는 일단 배려와 포용으로 그의 마음을 떠보는 전략이 필요하다.

숙적을 다루는 법을 이야기할 때 빼놓으면 안 될 사람이 있다. 바로 중국의 저우언라이다.

국공합작(國共合作, 중국 국민당과 중국 공산당이 이룩한 협력관계)이 깨져, 국민당의 장제스(蔣介石)와 공산당이 으르렁거릴 때 '시안사건'이 발생했다. 항일전에 소극적인 장쉐량(張學良)에게 작전을 독촉하기 위하여 1936년 12월 12일 시안에 간 장제스가, 장쉐량의 쿠데타에 의해 졸지에 구금된 것이다. 공산당으로선 눈엣가시 같은 숙적이 손아귀에 들어온 셈이고, 장제스로선 목숨이 촌각에 걸린 신세가 되어버렸다.

이때 저우언라이가 끼어들어 장제스, 장쉐량과 절묘한 협상을 하였다. 그리고 그 결과는 놀랍게도 장제스를 풀어주는 것이었다. 아

무 조건도 달지 않고 말이다. 풀려난 장제스는 공산당과의 불화를 끝내고 제2차 국공합작을 하여, 항일전을 적극적으로 펼치기로 약속하였다. 공산당으로선 궤멸 직전에 기사회생한 것이다.

저우언라이로서는 장쉐량을 부추겨 얼마든지 숙적 장제스를 제거할 수 있었다. 하지만 그러지 않은 이유는? 장제스를 제거했을 때의 결과를 예리하게 내다봤기 때문이다. 지도자를 잃은 국민당은 우왕좌왕하다 항일전에서 무력해지고, 결국 인본제국주의자들만 중국 땅에서 더욱 세력을 넓혀 공산당을 압박할 것이다. 이에 저우언라이 식의 '통 큰 양보 카드'를 던져 장제스를 풀어주었고, 결국 그의 마음을 돌려 공산당과 손을 잡게 만든 것이다.

여러분도 협상 테이블에서 때론 당태종이나 저우언라이같이 통 큰 양보를 하여 상대의 마음을 사고, 이로써 더 큰 이익을 얻을 필요가 있다. 이때 주의할 점은 양보가 '자발적'이라는 사실을 상대에게 주지시켜야 한다는 것이다.

권력자에게 숙적으로 찍히는 순간, 바짝 바닥에 엎드려 조심하라 ● 세상을 살다보면 직장

에서건 사회에서건 강한 권력자가 여러분을 경계하여 제거하려 들 때가 있을 것이다. 이때는 바짝 땅에 엎드려라. 당신이 절대로 권력자에게 도전하지 않을 것이라는 메시지를 보내, 그를 안심시켜라.

중국역사에서 절반 이상의 왕조가 외적이 아닌 자기 신하에게 정권을 강탈당했다. 마키아벨리(Machiavelli)도 《군주론 II Principe》에서 왕권을 빼앗기지 않으려면, 군주는 전쟁에서 승리한 장군을 제거해야 한다고 하지 않았던가. 무슨 말인고 하면, 리더에게는 뛰어난 자기편에 대한 두려움과 불안이 존재한다는 이야기다.

고려시대의 명장 강감찬 장군이 거란의 소배압(蕭排押)이 이끈 10만 대군을 귀주에서 격파하고 개경으로 돌아오자, 정말 성대한 개선행사가 열렸다. 왕인 현종이 직접 영파역(지금의 의흥)까지 마중 나가 오색비단으로 장막을 치고, 손수 강감찬의 머리에 금화팔지(金花八枝, 금으로 만든 여덟 송이 꽃)를 꽂아주고, 술을 권하며 엄청난 관직을 하사하려 했다. 이때 강감찬의 입에서 튀어나온 말은 모두를 놀라게 하였다.

"폐하, 소신은 그런 관직을 맡기에는 너무나 나이가 들었습니다."

그러곤 진짜 벼슬을 사양하고 낙향해버렸다. 현종은 겉으론 아쉬워했지만 속으론 쾌재를 불렀을 것이다. 대승을 거둬 고려를 구해낸 개선장군이 왕권에 도전하기는커녕 벼슬조차 마다하다니! 이런 현명한 처신 덕분에 강감찬은 당시로서는 드물게 83세까지 장수하며 말년을 편하게 지냈다.

사실 남이 장군(조선 전기의 무신), 임경업 장군(조선 중기의 명장)같이 전쟁에서 승리하고도 왕권의 견제를 받아 아깝게 사라진 인물이 우리역사에 한둘이 아니다.

이는 미국 같은 민주주의 국가에서도 마찬가지다. 링컨(Abraham Lincoln) 전 대통령이 남북전쟁 때 율리시스 그랜트 장군을, 프랭클린 루스벨트(Franklin Roosevelt) 전 대통령이 2차대전 때 조지 마셜(George Marshall) 장군을 각각 파격적으로 발탁하여 어려운 전쟁을 승리로 이끈 것은 유명한 일화다. 그런데 연이은 승리로 자신의 인기가 올라가면 갈수록 그랜트와 마셜, 두 장군이 끊임없이 대통령에게 전한 메시지는 똑같았다. 자신은 "전혀 정치에 관심이 없다"는 것이다. 인기를 바탕으로 대권에 도전해 대통령의 숙적이 될 의사가 없다는 사실을 분명히 전한 셈이다.

권력자에게 숙적이 되지 마라. 혹시라도 권력자가 당신을 경계할 때, 철저히 자기관리를 해야 한다. 몸을 낮추어 충성심을 보임은 물론이고, 사소한 데서라도 약점이 잡힐 짓을 해선 안 된다.

린뱌오(林彪), 류사오치(劉少奇), 펑더화이(彭德懷). 모두들 기라성 같은 인물로 마오쩌둥과 생사고락을 같이 하며 중화인민공화국을 건설하였다. 그런데 한때 잘나가던 이들이 마오쩌둥에게 숙적으로 찍혀 숙청당하고 만다. 문화혁명의 피비린내 나는 혼란 속에서 유일하게 2인자의 자리를 지킨 자는 저우언라이, 한 명뿐이다.

원래 저우언라이의 공산당 내 서열은 마오쩌둥보다 높았다. 그러다 '상하이 봉기' 실패 이후 마오쩌둥이 1인자로 올라서자, 그림자처럼 그를 극진히 모시는 식으로 처신에 주의를 기울였다. 저우언라이는 낡은 인민복을 입고 지냈으며, 자신의 관사를 호화롭게 수리했다고(사실은 너무 낡아 수리했을 뿐인데) 각료회의에서 자진하여 자아비판을 하기도 했다. 고향의 친척도 출장이 아니면 자신의 집을 사적으로 방문하지 못하도록 하며 친인척관리를 엄격히 했다.

이런 '알아서 엎드리기' 덕분에, 그는 의심 많고 무자비한 마오쩌둥의 지휘 하에서도 끝까지 살아남을 수 있었던 것이다.

첫째, 숙적을 상대할 때는 피터대제처럼 상대를 방심하게 만들고 '기습 전략'을 활용해 그보다 빠르게 판단하고 움직여라. 상대가 당신의 적의를 알아채기 전에, 즉 상대가 방심하고 있을 때 과감하게 공격하라.

당나라의 이건성처럼 어설프게 적의를 드러내거나 인정에 휩싸여 망설이는 것은 금물. 당신이 망설이는 바로 그 순간, 숙적의 칼이 당신을 향할지도 모른다.

둘째, 상대가 전혀 예상치 못했던 '포용 전략'은 상대를 단숨에 당신의 편으로 만든다. 당신에게 이익이 될 수 있는 상대라면 설사 그전에 숙적이었다 하더라도 너그럽게 감싸안아라. 그저 용서하는 것만으로는 부족하다. 상대가 깜짝 놀랄 정도로 최고의 대접을 해줘라.

셋째, 직장 상사이건 사회적 유력자이건 간에 권력자의 숙적이 되지 마라. 권력자는 기본적으로 의심이 많은 사람이다. 당신이 자신의 자리를 노린다는 의심이 드는 순간, 어제까지 당신을 총애하던 눈빛은 경계의 눈빛으로 바뀌고 말 것이다. 한

번 숙적으로 낙인 찍힌 이후에는 관계의 회복이 어렵다는 사실을 명심하라.

넷째, 협상 테이블에서 때론 통 큰 양보를 하여 상대의 마음을 사고, 이로써 더 큰 이익을 얻을 필요가 있다. 당태종이나 저우언라이처럼 말이다. 이때 주의할 점은 양보가 '자발적'이라는 사실을 상대에게 주지시켜야 한다는 것이다.

미국 쇠고기 수입 협상을
타결시킨
'벼랑 끝 전략'

받아들이든지 함께 죽든지, 양자택일의 카드

프레더릭 더글러스(Frederick Douglass)는 미국의 유명한 노예해방 운동가이다. 19세기 미국은 노예제를 가진 남부와 노예제를 반대하는 북부로 양분되어 있었는데, 더글러스는 어린 시절 남부에서 노예 생활을 했다. 노예로서는 드물게 읽고 쓸 줄 알며, 매사에 반항기가 있는 16세의 흑인 노예가 탐탁지 않았던 농장주 토머스 올드(Thomas Auld)는 악명 높은 '노예 조련사' 에드워드 코비(Edward Covey)에게 더글러스의 위탁 교육을 맡겼다.

아무리 길들이기 어려운 노예라도 코비의 손에 한 달 정도만 맡겨지면 양처럼 순한 노예로 변한다. 코비는 더글러스를 굶기고 혹사하고 때리며, 인간이 견딜 수 없는 극한상황으로 몰아넣었다. 이 정도면 어지간한 사람은 두 손 두 발 다 들고 고분고분하게 변한다. 하지만 훗날 유명한 노예해방 운동가가 될 기질을 가진 더글러스는 달랐다. 둘만 있는 곳간에서 코비의 멱살을 잡고 엎치락뒤치락한 것이다. 정말 큰일 날 일을 했다. 감히 흑인 노예가 백인 주인의 몸에 손을 대다니.

무슨 일이 벌어졌을까? 분노한 코비가 모든 노예들을 집합시켜놓고, 본때를 보여준다며 더글러스를 매질해 반쯤 죽여놓았을까?

절대 그러지 못한다. 여러분도 협상을 하다보면 상대가 절대적 강자인 갑으로서 약자인 여러분 위에 군림하려 들 때가 있을 것이다. 이럴 때 여러분이 명심해야 할 점은 인간 세상에서, 특히 밀고 당기는 협상에서 100% 절대강자와 100% 절대약자는 없다는 사실이다. 협상 테이블에서 절대강자로 보이는 상대에게도 반드시 '아킬레스건'이 있다.

더글러스에게 절대강자로 군림한 코비에게도 역시 치명적 약점이 있었다. 만약 공개적으로 더글러스를 매질하면? 이로 인해 코비가 멱살 잡힌 사연이 소문이라도 나면?

코비의 비즈니스는 그날로 끝이다. 농장주들한테 "천하의 코비가 애송이 노예에게 멱살이 잡혀 질질 끌려다녔다"고 소문이라도 나봐라. 어느 누구도 코비에게 노예를 보내려들지 않을 것이다.

그렇다면 더글러스를 그냥 죽여버릴까?

당시 법으로는 백인에게 폭력적으로 저항한 흑인 노예는 죽여도 무방하다. 하지만 이것도 어렵다. 생각해보라. 그 당시의 노예는 인간이 아닌 물건이다. 더글러스처럼 젊고 건강한 노예라면 상당한 값어치가 있는 농장주의 재산이다. 어찌 노예 조련사에 불과한 코비가 농장주의 재산을 축낸단 말인가.

그로서는 정말 열받고 분한 일이지만, 선택할 수 있는 방법은 딱 하나밖에 없다. 아무 일도 없었던 것처럼 더글러스를 가만히 두었다가 그냥 농장주에게 돌려보내는 것이다.

코비처럼 막강한 권력이나 힘으로 군림하는 상대를 제압하는 가장 좋은 방법 중의 하나는 약점을 찾아 공략하는 것이다. 약점이 없다면 의도적으로 상대를 교만하게 만들어 그에게 약점을 만들어주는 것도 방법이다.

2008년 봄, 온 나라가 광우병 파동으로 시끌벅적했다. 정부가 미국산 쇠고기 수입을 재개하자, 광우병에 대한 히스테릭한 반응이 국민들 사이에 번져 대통령이 두 번씩이나 대국민 사과를 하는 곤욕을 치렀다. 성난 민심을 달래고자 김종훈 통상교섭본부장이 미국 정부와 재협상을 하러 워싱턴에 갔다. 30개월 이상의 쇠고기 수입을 금지시키기 위해서다. 하지만 이미 두 나라 정부 간에 합의가 끝난 내용을 미국 정부가 순순히 바꿀 리 없다.

그런데 이 당시 신문과 TV를 본 국민들은 좀 의아한 장면을 목격한다. 워싱턴에서 미국 정부 대표와 밀고 당기던 김 장관이 돌연 뉴욕으로 가버린 것이다. 협상 타결이 힘들어 그냥 한국으로 돌아가겠다면서. 아니, 저런 정신 나간 장관이 있나? 온 나라가 쇠고기 수입 문제로 들끓는 상황, 미국 측 바짓가랑이라도 잡고 늘어져야 할 판에 협상을 깨고 귀국하겠다니.

필자는 이를 본 순간 '역시 김 장관은 협상의 고수구나' 하는 생각이 머리를 스쳤다. 그는 '벼랑 끝 전략(brinkmanship)'의 승부수를 던진 것이다.

'위협 협상'과 '벼랑 끝 협상' 모두 상대방에게 겁을 주어 뭔가를 얻어내는 전략이다.

둘 사이의 차이는 간단하다. 당신이 벼랑 끝에 협상 상대와 함께 서 있다고 하자. '위협'은 "내 요구를 들어줘. 안 그러면 당신을 발로 차서 벼랑 아래로 떨어뜨릴 거야"라고 하는 전략이다. 말하자면 상대는 떨어지고 자신은 안전한 것이다. 그런데 '벼랑 끝 협상'은 상대와 당신이 같이 떨어지는 전략이다.

김 장관의 뉴욕행이 왜 벼랑 끝 협상 전략일까?

협상을 깨고 귀국하면 김 장관은 분명히 잘린다. 그렇다면 미국 측 협상 대표는 어떨까? 똑같이 잘릴 것이다. 사실 2003년까지 국내 수입 쇠고기시장의 대부분을 미국산이 차지하고 있었다. 그런데

2004년 미국 소의 광우병 파동으로 수입이 금지된 후, 한국 쇠고기 시장은 호주와 뉴질랜드가 독식하고 있었다. 미국 목축업자 입장에서는 한국이라는 거대한 시장을 광우병 때문에 안타깝게 빼앗기고 만 것이다. 몇 년 만에 어렵사리 한미FTA를 통해 한국시장이 열렸는데, 전체 쇠고기 수출의 2~3% 정도에 불과한 30개월 이상의 쇠고기 수입문제로 한국에 수출을 못한다고 생각해보라. 성난 미국 목축업자들이 미 정부를 가만두겠는가.

얼마 후 신문을 보니 역시 미국 측이 김 장관을 다시 워싱턴으로 불러들였고, 30개월 이상 쇠고기의 수입 금지가 성공적으로 타결되었다. 김 장관의 벼랑 끝 협상 전략이 맞아떨어진 것이다.

협상에서 상대방을 '완패'시키지는 마라

● 동양의 협상문화에서는 자신이 아무리 월등한 협상력을 가지고 있어도, 절대 상대방을 완패시키지 말라고 한다.

다시 말해, 100을 놓고 협상할 때 자신이 다 가질 수 있다 하더라도 80 정도만 가지고 나머지는 상대방에게 주라는 이야기다. 그래야 상대도 이를 가지고 본사나 본국으로 돌아가서 체면을 차릴(save face) 수 있다는 것이다. 이는 기본적으로 관계에 바탕을 두고 장기적 이해관계를 중시하는 한국이나 일본, 중국의 협상문화이다.

공직에 있을 때 일본 경제산업성을 오가며 몇 달간 슈퍼 엑스포 협상을 한 적이 있다. 2002년 월드컵 공동개최를 앞두고 두 나라에서 문화와 문물 교류를 위한 거대한 엑스포를 열자는 내용이었다. 상대는 경제산업성의 아고 과장이었는데, 개최시기, 개최도시, 주관기관, 전시내용 등을 두고 정말 다양한 협상을 진행했다. 하루는 도쿄에 가 그에게 간곡히 부탁했다.

"아고 과장, 개최시기를 좀 앞당길 수 없을까요? 이걸 이번에 해결 못하면 서울에 돌아가 내 입장이 아주 곤란해져요."

일본인과 협상할 때 특정 의제에 대해 "내 체면 좀 세워달라"고 부탁하면 대부분은 수락한다. 동양 협상문화 특유의 '교환법칙(Rule of Exchange)' 때문이다. 부탁을 들어준 아고 과장은 다음번에 이렇게 말할 수 있다.

"안 박사님, 개최도시에 나고야 좀 포함시켜주세요. 타결 못하고 돌아가면 제 입장이 힘들어져요."

큰 문제가 없다면 대답은 "예스"이다. 지난번에 그가 개최시기를 봐주었으니, 이번엔 개최장소에서 하나 양보하는 것이다. 상대를 완패시키지 않는 이유는, 다음에 상대에게 완패당하지 않기 위해서이다. 하나를 주면 하나를 받을 수 있다.

세상사에서 상대를 완패시키지 말라는 또 다른 이유가 있다. 언제 갑과 을이 뒤바뀔지 모르기 때문이다.

시멘트 파동이 일어났을 당시, 시멘트 생산업자가 절대적 갑이고 건축업자가 을이었다. 그런데 요즘같이 시멘트가 남아돌 땐 갑과 을이 바뀐다. 과거 목에 힘을 줬던 시멘트 생산업자라면 요즘은 거꾸로 호되게 당하고 있을 것이다.

하버드비즈니스스쿨에서 배우는 '까다로운 상대 다루기' 기술 ●

세상을 살다보면 여러분을 완패시키려고만 들고 합리적 설득이 전혀 먹혀들지 않는, 정말 짜증나는 '까다로운 상대'를 만날 수 있다. 하버드비즈니스스쿨의 수잔 맥클리(Susan Mackley), 윌리엄 유리(William Ury) 교수 등에 의하면, 이같이 까다로운 상대를 다루는 데는 여섯 가지 협상 전략이 필요하다.

첫째, 아무리 상대가 까다롭게 굴더라도 즉각적인 반응을 보이지 마라.

여기서 말하는 즉각적인 반응은 버럭 화를 낸다거나 아니면 쉽게 양보해버리는 것이다. 특히 협상에서 화를 낸다는 것은 당신이 통제력이 없다는 사실을 상대에게 알리는 일이다. 감정 통제력이 없다는 것을 알면 상대는 당신을 다루기 쉬운 상대라고 생각하며 마음속으로 쾌재를 부를 것이다.

둘째, 발코니로 가라.

현 사태를 냉정히 생각하고 차분히 대응 전략을 마련할 수 있도록 잠시 협상장을 떠나라는 뜻이다. 발코니든, 화장실이든 제3의 장소로 가서 마음을 가다듬어라.

셋째, 액티브 리스너(active listener)가 되라.

상대가 마음속에 담아둔 이야기를 전부 털어놓도록 만드는 사람이 액티브 리스너다. 액티브 리스닝(적극적 경청)의 기술은 다음과 같다.

먼저, 상대가 이야기를 할 때 '네거티브 리스닝(negative listening)'이 아닌 '포지티브 리스닝'을 해야 한다. 몸을 의자에 깊숙이 파묻고 팔짱을 낀 채 듣는 태도는 네거티브 리스닝이다. 포지티브 리스닝이란 상체를 약간 앞으로 숙이고 상대의 얼굴을 쳐다보며 이야기에 반응을 보이는 태도를 말한다. 포지티브 리스닝을 한다면 네거티브 리스닝을 할 때보다, 상대방이 30% 이상 더 마음의 문을 연다 한다.

다음으로, 상대의 이야기에 공감과 호기심을 보이며 끊임없이 맞장구를 쳐줘야 한다. 예를 들어 상대가 승진 누락을 하소연하면 안타까운 표정을 지어주고, 판매실적을 자랑하면 같이 기뻐해주는 것이다. 상대가 공감한다고 느끼면, 사람은 자기 이야기를 더 신나게 늘어놓는다.

마지막으로 상대가 그간에 이야기한 내용을 '그들 세계의 용어'로 요약해줘라. 이는 당신이 상대방의 이야기를 경청했다는 사실을 증명해주는 효과가 있다.

'그들 세계의 용어'란 예를 들면 이런 것이다. 군에서 갓 제대한 부하직원이 어려움을 호소했다면 '뺑뺑이 돈다', '거꾸로 매달려도 국방부 시계는 돌아간다' 등의 군대용어를 사용해 위로하는 것이다. 이때 상대방은 당신에게 친밀감을 느끼게 된다. 당연히 마음속 이야기를 더 많이 털어놓게 된다.

넷째, 상대의 입장에서 협상 상황을 분석해보라.

액티브 리스닝을 통해 상대에 대한 정보를 취득하면, 상대가 왜 까다롭게 나오는지를 알 수 있을 터이다. 예를 들어 본사로부터 현실적으로 타결하기 힘든, 너무 높은 협상 목표를 받아 왔다든지, 또는 내부에서의 '2단계 게임'이 어려울 경우이다. 2단계 게임이 어렵다는 것은 협상 상대와의 1단계 게임에서 아무리 좋은 합의안을 가지고 가더라도, 노조나 이사회가 까다롭게 굴어 내부 협상을 성사시키기 어렵다는 뜻이다.

《손자병법孫子兵法》에 "적을 알아야 싸워서 이길 수 있다"는 말이 있듯이, 협상에서도 상대방의 입장을 이해해야만 해결책을 찾을 수 있다.

몇 년 전, 설악산에 갔다가 호텔 앞에서 택시를 잡을 때 있었던 일이다. 등산객이 없는 한적한 주중이라 여러 대의 택시가 손님을 기다리고 있었다. 맨 앞의 택시에 가서 가까운 척산온천을 가자고 하니 대답이 "No"이다. 이 자리에서 한 시간이나 기다렸는데 겨우 기본요금이 나오는 곳에 갈 수 없다는 것이다. 택시 운전사의 입장이 충분히 이해가 되었다.

여러분이 이 경우라면 어떻게 이 까다로운 운전사와 협상을 하겠는가? 요금을 두 배로 주겠다고? 아니면 승차거부로 신고하겠다고?

그럴 필요 없다. 상대의 입장, 즉 운전사의 입장에서 협상 상황을 분석하면 간단한 해결책이 나온다. 제일 뒤쪽에 있는 택시로 갔다. 운전사는 아무 말 없이 척산온천으로 출발했다. 손님을 기다린 지 5분밖에 안 되었기 때문이다.

다섯째, '골든 브리지(Golden Bridge)' 전략을 써라.

'골든 브리지'란 '잘 계산된 의도된 양보'를 해, 상대가 자기 체면을 세웠다고 안도하며 완승은 아니어도 부분적 승리를 거두었다고 느끼도록 만드는 전략이다.

여기서 한 가지 주의할 점이 있다. 당신의 양보가 힘에 밀려서 한 것이 아니라 '자발적'이라는 사실을 꼭 상대의 머릿속에 심어줘야 한다. 당신이 까다롭게 구는 상대에게 지쳐 양보하면, 상대는 당신을 우습게보고 더욱 굴복시키려 날뛸 것이다.

골든 브리지 양보 전략을 잘 사용한 사람은 중국의 저우언라이 총리다. 그는 1971년 미국과 중국의 국교정상화 협상 초기 단계에서 헨리 키신저(Henry Kissinger)가 깜짝 놀랄 정도로 커다란 '양보 카드'를 던졌다.

여러분이 저우언라이와 월요일부터 금요일까지 협상을 하며 많은 것을 얻어내야 하는 키신저라고 생각해보라. 그런데 협상을 시작하자마자 상대가 백 보 양보한다면 어떤 생각이 들까? '어, 통이 큰 친구네! 이런 상대하곤 구차하게 티격태격하는 것보단 사나이답게 협상을 타결시키는 게 낫겠다.' 이런 마음이 들지 않겠는가.

이럴 때 여러분이 할 수 있는 일은 상대의 카드를 받든지 협상을 깨든지, 양자택일이다. 아니, 좀더 상대와 협상을 해서 더 많은 양보를 얻어낼까? 불가능한 일이다. 저우언라이는 절대 두 번, 세 번 양보하지 않는다. 딱 한 번만 양보한다.

저우언라이식 골든 브리지 협상 전략의 특징은 협상 초기에 '딱 한 번' 통 큰 양보를 하는 것이다.

여섯째, 상대의 감정에 동요하지 마라.

서로 밀고 당기다보면 상대가 감정을 통제 못하고 분노를 폭발시킬 때가 있다. 절대로 맞받아치지 마라. 아주 무관심한 듯한 표정을 지으며 상대가 마음껏 감정을 표출하도록 두라. 상대의 분노에 두려움을 먹고 양보를 한다거나 함께 감정이 격해져선 안 된다.

스페인에서 전쟁을 치르던 나폴레옹은 외무장관 탈레랑(Talleyrand)이 반역을 꾀하고 있다는 정보를 듣고 1809년 1월 서둘러 파리로 돌아온다. 장관들을 비상소집한 나폴레옹은 "이들 중에 누군가 반역을 꾀하고 있다"라고 불같이 화를 내며, 탈레랑을 노려보았다. 나폴레옹은 '반역'이라는 단어를 듣는 순간, 탈레랑의 얼굴이 백지장이 되면서 부들부들 떨 줄만 알았다. 그러면 모든 장관이 보는 앞에서 반역죄로 처벌할 심사였다. 이를 통해 다른 장관들도 모반할 생각을 갖지 못하게 한다는 계산까지 있었다.

그런데 탈레랑이 전혀 예상치 못한 반응을 하였다. 나폴레옹의 분노가 자신과는 전혀 관련 없는 남의 이야기인 듯, 아무런 표정도 짓지 않고 태연히 앉아 있는 게 아닌가. 상대의 무표정에 더욱 화가 난 나폴레옹은 얼굴이 벌겋게 달아오르며 펄펄 날뛰었지만, 이미 게임은 탈레랑에게 유리한 판국이 되었다. 자리에 모인 장관들의 눈에는 나폴레옹이 신하들의 모반에 신경과민이 되어 히스테리를 부리는 것으로만 비춰졌기 때문이다. 절대권력을 지닌 나폴레옹의 분노 앞에 탈레랑이 조금만 흔들렸어도, 그는 단두대의 이슬로 사라졌을지도 모른다.

그런데 유리 교수에 따르면 때로는 '아주 잘 계산되고 절제된 화'를 내는 일도 필요하다. 어차피 까다로운 상대를 만나 협상이 제대로 풀리지 않으면 서로 열을 받기 마련이다. 그런데 이를 너무 숨기면 오히려 위선적으로 보일 수 있다.

또한 미국 교수가 협상 강의를 할 때 제일 많이 강조하는 이야기가 있다. "어려운 문제를 만나도 부드러운 사람이 되어라(Be hard on the issues, but be soft on the people)!" 아무리 까다로운 상대하고 서로 낯을 붉히며 협상을 하더라도 절대 상대방을 인간적으로 미워하지 말라는 것이다.

이건 우리가 꼭 명심해야 할 철칙이다. 감정적인 성향이 강한 한국인은 까다로운 상대를 만나면 미워하고 공격하다가 너무 흥분해 버리는 바람에, 정작 중요한 협상사안에 대해선 철저히 따지지 않고 넘어가는 경향이 있기 때문이다.

그런데 여기서 잠깐, 여러분이 정말 골치 아픈 상대를 만났는데 하버드비즈니스스쿨의 저명한 학자들이 알려준 위의 전략들이 전혀 약발이 안 먹힌다면? 이때 마지막 남은 카드는 프레더릭 더글러스가 쓴 승부수 전략이나 김종훈 장관이 사용한 벼랑 끝 협상 전략이다.

1997년 외환위기로 한국경제가 거덜이 난 후 대우자동차를 GM에 팔 때, 한국은 철저히 을의 입장에서 협상을 하였다.

"이 땅에서 대우자동차 매각 같은 비굴한 협상이 두 번 다시 있어서는 안 된다. 칼자루를 쥔 쪽이 저쪽이라, 억울해도 싫은 소리 한 번 제대로 못했다. 너무나 자존심이 상하고 분통이 터져 자다가도 벌떡 일어나 속앓이를 한 날이 하루 이틀이 아니다. 다른 어떤 대안도 없었고, GM 이외에는 뾰족한 대안도 없는 절박한 상황이어서 GM에 일방적으로 끌려다닐 수밖에 없었다."

오죽하면 한국 측 협상단장을 맡았던 정건용 전 산업은행 총재가 신문(한국일보, 2002년 5월 9일)에 이렇게 하소연하였겠는가. 한국의 이같은 약점을 간파한 GM은 가격을 더 깎기 위해 지연(遲延) 전략을 쓰며 협상을 질질 끌었다. 계속되는 GM의 지연 전술을 참다못한 한국 측은 2001년 3월 8일 "만약 GM이 4월까지 인수 의사를 밝히지 않으면 자력갱생을 모색하겠다"고 승부수를 던졌다.

승부수 협상 전략이나 벼랑 끝 협상 전략의 공통된 특징은, 성의 있는 협상안을 상대에게 제시한 후 시한(deadline)을 정하고 상대에게 'take it or leave', 즉 이것이 나의 최종안이니 이를 받든지 아니면 협상을 깨자고 마지막 카드를 던지는 것이다. 다급해진 GM은 그해 5월 협상을 재개했다.

첫째, 비즈니스나 인생사에서 100% 여러분보다 강한 절대강자란 있을 수가 없다. 세상이란 돌고 도는 것이기 때문이다. 따라서 어려운 상대와 협상할 때는 때론 승부수 전략이나 벼랑 끝 전술을 써봐라. 의외로 잘 먹혀들어갈 수가 있다.

둘째, 벼랑 끝 전술의 핵심은 의도적으로 위기상황을 조성하는 것이다. 이 위기상황은 상대가 정말 겁을 먹고 두려워하는 것이어야 한다. 어쭙잖은 위험으로 덤볐다가는 오히려 당신만 벼랑 끝으로 떨어질 수 있다는 사실을 명심하라.

셋째, 벼랑 끝 전술을 쓸 때는 진짜 벼랑으로 떨어질 각오가 필요하다. 섣불리 벼랑 끝 카드를 내밀었다가 여러분이 먼저 겁을 먹고 포기한다면, 처음부터 시작하지 아니한 만 못하다.

넷째, 까다로운 상대를 만나서 협상할 때는 하버드대학의 유리 교수가 말하는 다양한 전략을 사용하라. 특히 골든 브리지 전략이나 액티브 리스너 전략 등은 때론 상당한 효과를 발휘할 수가 있다.

제2차 세계대전의 미군과 한국 해병대에서 배우는 '독한 리더십'

권위로 군림하고, 배려로 포용하라

1941년 12월 7일 새벽 하와이의 진주만을 기습 공격하여 미국의 태평양함대를 거의 궤멸시킨 일본군대는, 이후 파죽지세로 태평양과 동남아까지 밀고 들어갔다. 당시 연합군 총사령관이었던 더글라스 맥아더 장군은 "반드시 돌아오겠다(I shall return)!"라는 패배의 회한을 남기며 필리핀을 떠났고, 싱가포르에 주둔하던 영국군 사령관 아서 퍼시벌(Arthur E. Percival) 장군은 말레이시아 반도로 밀고 내려온 야마시타 도모유키(山下奉文) 장군에게 굴욕적인 항복을 하였다.

일본군대는 태평양의 남쪽 끝 과달카날섬까지 진출하였다. 이 섬만 점령하면 비행장을 건설해 호주까지 폭격할 수 있을 터. 군국주의자들이 갈망하던 '대동아공영권(大東亞共榮圈)'의 꿈이 실현되는 순간이 드디어 코앞에 다가온 셈이다.

그런데 어이없게도 무적의 일본군대가 그 조그만 섬의 보잘것없는 미군들에게 놀아난다. 일본군 특유의 반자이(萬歲) 돌격(총검이나 장검을 들고 적진 중심으로 달려들어 공격하는 것)이나 야간 기습을 해도, 모기와 온갖 독충이 우글거리는 정글에 진을 친 미군은 꿈쩍도 않고 버티었다. 지금까지 필리핀에서 맞닥뜨린 미군, 다시 말해 총 몇 방만 쏘면 줄행랑치던 미군과는 전혀 다른 '독한' 미군을 만난 것이다. 바로 미 해병 1사단의 병사들이었다. 어떤 공격에도 동요치 않으면서, 오히려 기관포 십자포화(十字砲火, 앞뒤 양옆에서 쏘아서 교차되어 떨어지는 포탄)로 공격하는 미군과 맞서다 '떡실신'이 된 일본군은 결국 과달카날에서 비참하게 철수해야 했다.

줄곧 승승장구해오던 일본군이 맛본 첫 번째 패배였고, 계속 밀리기만 하던 미군에게 '하면 된다'는 자신감을 불어넣어준 귀중한 첫 승리였다. 과달카날에서의 이 승리가 전환점이 되어 미군은 태평양에서 전세를 반전시킬 수 있었다.

1950년 6월 25일, 전선을 급습한 인민군은 거침없는 기세로 국군을 내몰아 8월 초에는 선봉사단이 마산 외곽의 진동리 고개에 다다랐다. 그 고개만 넘으면 부산까지는 내리 평평한 김해평야이니 탱크로 밀어붙이면 된다. 김일성이 노리던 공산통일이 바로 눈앞에 다가선 것이다.

그런데 그만, 송곳같이 활로를 뚫던 북한의 최정예 정찰대대가 조그만 부대에 의해 섬멸당하고 만다. 그러자 인민군은 진동리 고개에 대규모 국군이 버티고 있는 줄 알고 병력을 보강하는 데 3일을 소비했다. 사실은 불과 3개 중대 규모의 해병대가 있었을 뿐인데, 이를 몰랐던 것이다. 어쨌거나 인민군이 허비한 3일은 우리의 낙동강 전선 방어에서 정말 천금 같은 시간이었다. 마냥 우왕좌왕하던 국군이 방어선을 구축할 시간적 여유를 얻은 것이다.

　비록 소규모 전투였지만 개전 이후 처음 맛본 깨끗한 승리였고, 국군의 낙동강 전선 방어에 결정적 역할을 한 승리였다. 그때부터 우리는 그 부대를 '귀신 잡는 해병대'라 부른다.

귀신 잡는 해병대는
무엇이 다른가 ● 1977년 3월, 대학을 졸업하자마자 해병대 장교로 입대하였다. 입대 전 지금 세종대학교 총장으로 계신 박우희 교수님께 인사를 드리러 가니, 《사기열전史記列傳》 두 권을 주셨다. "장교로서 교양을 쌓으라"시면서.

　은사가 주신 책 두 권을 소중히 들고 진해의 해군통제부에 있는 사관후보생도에 입대하며, 훈련기간 중 두세 번은 정독하리라 마음먹었다. 그런데 웬걸? 막상 해병마크가 달린 군복을 입고 나니, 매일 쥐어터지느라고 정신이 없었다. 지금 군대에는 없어졌지만 옛날

군대에는 소위 '빳다'라는 것이 있었다. 야구방망이에다 붕대를 감고 물을 적셔가며(이래야 맞아도 상처가 안 생긴다 한다) 마구 쳐댄다. 야구장에서 휘두르는 그 무지막지한 걸로 엉덩이를 맞는다고(그것도 아주 세게) 상상해보라.

평생 남에게 맞아보지 않고 큰지라 나중에 가선 인간의 생명력에 놀랍기까지 했다. '이렇게 맞고도 살 수 있구나.'

거기다 사람을 완전히 죽여주는 '지옥주(週)'라는 것이 있는데, 이건 꼬박 일주일 동안 먹이지도 재우지도 않는 훈련을 뜻한다. 그냥 잠만 못 자게 하는 것이 아니다. 취침시키고 1시간 후 비상나팔을 분다. 그리고 연병장을 뽕 빠지게 뛰도록 하고는 다시 취침, 1시간 후에 다시 기상, 한밤 내내 이것을 계속 반복한다. 물론 낮에는 정규교육을 하고 말이다.

이렇게 일주일간 극한상황에서 구르다보니 그 착하던 동기생들의 눈빛이 변했다. 교양 있는 지식인의 눈빛에서 굶주린 야수의 눈빛으로. 철모를 쓰고 총을 든 모두의 눈에서 살기가 돌았다.

여기서 인간의 본능에 대해 한 가지 재미있는 사실을 배웠다. 안 먹이고 안 재우는 것 중 인간은 어느 것을 더 못 견딜까? 겪어보니, 배고픈 것보다 잠을 못 자는 게 훨씬 더 괴롭다.

하여튼 이렇게 두 달을 보내고 첫 면회가 있었다. 저 멀리 면회실에 계신 어머니가 보였다. 그런데 어쩌면 인간이 그렇게 변할 수 있단 말인가. 어머니 얼굴보다 들고 오신 통닭에 먼저 눈길이 가고, 정말 환장한 듯이 먹어치웠다. 배를 채우고 나니 그제야 제정신이 들어 인사를 드렸다. 그때를 생각하면 지금도 어머니께 죄송한 마음이 든다.

네 달간의 훈련을 마치고 장교로 임관되어 배치받은 곳이 강화도의 해안방어소대였다. 최전방으로 굴러 떨어진 셈이다. 그런데 해안소대라는 곳이 마치 《수호지水滸誌》에 나오는 양산박 소굴 같고 대원들의 전직 역시 휘황찬란하기만 하다. 명동의 구두닦이, 제주도 어부, 나주 깡패, 부산의 마도로스…. 오죽이나 빽(!)이 없었으면 해병대 최전방으로 밀려왔겠는가. 하여튼 이들과 같이 먹고 뛰고 훈련을 받으며 지내다가 3년 반 만에 군복을 벗었다.

다시 사회로 돌아오니 똑똑해(?) 군대를 피한 친구들은 외국으로 유학을 가 있고 직장에서는 행정고시 동기들보다 4년이나 뒤처져 있었다. 딱 한 가지 얻은 것이 있다면 '예비역 해병중위'라는 브랜드 이미지이다.

지금까지 살아온 오십 평생을 볼 때, 고시도 패스하고 외국에서 박사학위도 받았지만 제일 잘한 투자는 해병장교가 된 것이란 생각이 든다. 이건 정말이다. 제대 직후에는 4년을 손해봤다고 생각했는데 인생을 살아가다보니 군 생활에서 배운 게 너무나 많다.

실제로 요즘 직장에서 직원들을 단체로 해병대에 연수 보내는가 하면 중고등학생까지 해병캠프에 들어가 무언가를 배우려 한다. 이

같은 해병대 열풍은 미국에서도 마찬가지다. 미국인들에게 'US 마린(Marine)'이라고 하면 강하고 멋있는 군인의 상징이다. 그래서 전 세계에 흩어져 있는 미국 대사관의 경비는 모두 미 해병대가 서고 있지 않은가.

도대체 해병대가 무엇이길래 이렇게 열광하는지를 알아보기 위해 해병대 특유의 '블랙박스'를 살짝 열어본다.

해병대에 입대하자마자 제일 먼저 듣는 이야기는 '해병정신', '해병혼(魂)'이다.

모든 해병대는 해병정신으로 무장되어야 하는데, 이는 강한 훈련과 자부심에서 나온다. 인간은 강한 훈련을 받을수록 강한 승부근성을 갖게 된다. 굳이 해병대뿐만 아니라 일반기업에서도 교육 훈련에 대한 투자가 정신무장이 잘된 직원을 만든다. '경영의 귀재' 마쓰시타 고노스케(松下幸之助)는 직원들이 매일 '마쓰시타 7대 정신'을 읽고 사가(社歌)를 부르게 하였다. 말하자면 평소부터 마쓰시타식 정신무장을 시킨 것이다.

'누구나 해병이 될 수 있다면 나는 해병이 되지 않았다.'

해병대 부대에 가면 흔히 볼 수 있는 구절이다. 해병대는 지원자들 중에서 테스트를 통과한 사람만이 들어갈 수 있다. 스스로 해병이 되고 싶어 지원했고 치열한 경쟁을 뚫은 끝에 팔각모(해병대에서 쓰는 모자)를 썼기에, 대단한 선민의식을 갖게 된다.

다음으로 해병대가 가진 특유의 무덕(武德)은 불굴의 돌격정신이다.

독일의 유명한 전략가 카를 폰 클라우제비츠(Carl von Clausewitz)에 의하면, 모든 군대는 고유한 무덕을 지닌다. 해군의 무덕은 인내와 치밀함이다. 군함에 몸을 의거해 바다에서 수개월을 생활하고 복잡한 기계장치를 다뤄야 하기 때문이다. 반면 공군의 무덕은 순간의 판단력이다. 요즘처럼 미사일로 공중전을 하는 전자전(電子戰) 시대에서는 파일럿의 순간적 판단이 생사를 결정짓는다.

하지만 해병대 제일의 무덕은 역시 불굴의 돌격정신이다. 사실 사람들이 해병대에 대해 가지는 인식은 약간 거칠며 저돌적이라는 것이다. 한때는 '해병대 곤조', '개병대'라는 이야기가 있었을 정도다. 해병대는 적의 해안에 상륙작전을 할 때 적의 화력을 무력화시키지 못하면, 병력의 70%가 희생되었더라도 나머지 30%가 끝까지 돌격하여 해안에 교두보를 마련해야 한다. 만약 병력의 70%를 잃었다고 뒤로 물러서면 갈 곳은 바다뿐이고 결국 모두가 전멸이다. 그러니 무조건 돌격!

기업을 경영하다보면 가끔 직원들로 하여금 해병대식 돌격을 감행하게 할 필요가 있다. 신제품 개발이나 시장 확보를 위해 앞으로 나아가지 않으면 망하는, 절체절명의 위기에 처할 수도 있기 때문이다.

또한 해병대는 충성심과 동지애가 유별나게 강한 집단이다.

《군주론》의 저자인 마키아벨리는 "공동체를 유지하는 것이 군주의 가장 큰 덕목"이라고 말한다. 박정희 전 대통령이 혁명군을 이끌고 서울에 진입할 때, 다른 육군부대는 생각이 많아 멈칫거렸다. 그런데 앞뒤 안 가리고 제일 먼저 한강다리를 넘은 부대는 그 당시 김포에 주둔하던 해병부대였다. 해병은 상관이 명령하면 물불을 안 가리고 따른다.

그런데 한 가지 재미있는 것은 해병대는 직속상관에 대한 충성심이 제일 강하다는 사실이다. 만약 대대장과 중대장이 소대장에게 엇갈린 명령을 내리면, 소대장은 직속상관인 중대장의 말을 따른다.

해병대의 충성심을 보여주는 또 다른 일화. 전두환 전 대통령이 권력을 잡은 12.12 사태 때 군인들 한 무리가 국방부장관, 육군참모총장이 있는 한남동 공관을 덮쳤다.

당시 한남동 공관의 외곽 경비 책임은 H소령이 지휘하는 해병부대가 담당하고 있었다. H소령이 상대 군인 두 명에게 무장해제당해 끌려가고 있는데, 어둠 속에서 해병대 부하 한 명이 불쑥 나타나 상대 군인에게 총구를 겨누었다. 누군가가 다칠 일촉즉발의 순간이었다. 이때 H소령이 "야, 김 해병, 상황이 끝났으니까 총을 내려놔"라고 명령하면서 부하에게 다가가 M16 총을 받아 노리쇠를 당겼다. 실탄을 빼기 위해서였다.

그런데 노리쇠를 당기고 보니, 딱 한 발의 실탄이 튕겨 나왔다. 상대는 두 명인데 실탄 한 발만 가지고 상관을 구하겠다고 나선 것이다. 만약 상대가 총을 쏘면 자신이 희생될 것이 불 보듯 뻔한 데도 말이다. 이 같은 해병의 충성심을 배우게 하기 위해 요즘 기업들이 앞 다투어 직원들을 해병대 캠프에 보내나보다.

부하들이 마음에서 우러나 따르게 하는 해병대 장교식 카리스마 ●

필자가 강화도의 해안방어소대장으로 발령받았을 때의 이야기를 좀더 해보겠다. 앞서도 살펴봤듯 대원들이 워낙 사회에서 한가락 하던 인물들인지라, 부임 직후에는 부하들을 통제하기가 쉽지 않았다. 처음에는 계급장만 믿고 밀어붙였다가 오히려 계급의 권위만 땅에 떨어뜨렸다.

그 당시 진짜 고민되었다. 고시를 붙었으니 평생 조직에서 부하들을 부려야 할 터인데, 군대에서 이 조그만 무리 하나 통솔을 못하면 어찌한단 말인가. 소대장 벙커에 앉아 며칠을 혼자 고민한 후, 비장한 결심을 하였다.

'나의 모든 것을 걸고 반드시 리더십을 확립하겠다.'

우선 기합이 빠져 소대장에게 엉기는 부하 중에서 '에스키모 썰매의 대장 개'를 찾아내야 했다. 에스키모들은 28마리의 개를 몰고 설원을 달릴 때, 모든 개를 통제하지 않는다. 썰매를 끄는 개 중 대장 개 하나만 확실히 잡으면 나머지 개들은 저절로 따라오기 때문이다. 기업의 조직관리에서도 마찬가지다. 수많은 부하직원을 일일이 다 통솔하려들 필요가 없다. 각 그룹 또는 팀별로 우두머리를 찾아,

그들을 당신에게 충성하는 심복으로 만들면 그만이다.

필자 역시 우선 인내심을 가지고 며칠을 기다리다가 드디어 '대장 개'를 찾아냈다. 의정부에서 건달 비슷하게 지내다 온 제대 말년의 K병장! 에스키모 대장 개의 자격요건을 두루 갖춘 녀석이다. 유별나게 소대장에게 엉기는 데다가 보아 하니 인간성은 좋아 대원들이 잘 따르고 있다. 마침 K병장이 야간근무를 나갔다가 무전기를 잃어버리고 돌아왔다. 기회였다.

전 대원을 비상소집시켜놓고 K병장을 정말 잔인할 정도로 삥삥이 돌렸다. 해병대이건 기업이건 부하를 통솔할 때 가능하면 폭력이나 제재는 자제해야 하지만 불가피하게, 특히 상사를 깔보고 힘을 겨루려는 자에겐 눈물이 찔끔 날 정도로 따끔한 맛을 보여줘야 할 때가 있다.

이때 세 가지 조심할 점이 있다. 첫째, 부하 스스로의 입으로 잘못을 인정하게 해야 한다. 둘째, 제재는 가하되 절대 모욕을 주어서는 안 된다. 인간사에서 모욕은 백해무익이다. 세상을 살아가며 남에게 모욕을 줘서 득볼 것은 하나도 없다. 구타가 심했던 그 당시 해병대에서도 절대 목 윗부분은 손대지 않도록 교육받았다. 엉덩이를 맞으면 고통을 느끼지만 얼굴을 맞으면 모욕감을 느끼기 때문이다.

그리고 마지막 셋째, 반드시 뒤풀이를 해야 한다. 입이 퉁퉁 부은 K병장을 그날 밤 늦게 소대장 벙커로 불렀다. 난로 위에는 구수한 찌개가 끓고 있고, 테이블에는 커다란 소주가 대여섯 병 놓여 있었다.

둘이서 마냥 마셨다. 소주를 한 병씩 까며 지껄인 말이야 뻔하다.

"네가 미워서 그랬겠냐? 내 마음은 더 아프다."

"니나 내나 모두 끗발이 없어서 이 최전방 구석에 끌려왔는데, 같은 신세 아니냐? 서로 도와야지."

그러고는 중대장 몰래 끊은 2박 3일 외박증과 함께 돈을 쥐어주었다. 며칠 집에 다녀오라고. 전방 군인들에게 휴가만큼 최고의 선물은 없다. 눈물콧물 흘리며 소대장 벙커를 나서는 그의 입에서 '소대장님' 대신 '형님'이란 말이 튀어나왔다.

부하들을 통솔할 때, 모두를 다스리려들지 마라. 그중의 우두머리만 확실히 잡아라. 나머지는 알아서 따라온다.

2박 3일 휴가를 다녀온 K병장의 소대장에 대한 태도는 180도 변했다. 모든 대원들이 의아해했다. 상황 반전의 기미가 보였다. 바로 이때가 '카리스마'를 보여줘야 할 타이밍이다.

훈련을 받을 때 "해병대 장교는 부하들에게 카리스마를 보여야 한다"는 이야기를 귀가 닳도록 들었다. 그리고 이 카리스마는 묘한 신비감과 철저한 자기 헌신에서 나온다면서, 부하들 앞에서 절대 팔각모를 벗지 말라고 교육받았다.

실제로 장교 훈련을 받을 때 교관의 눈동자를 볼 수 없었다. 인간은 눈 맞춤(eye-contact)으로도 커뮤니케이션을 한다. 그런데 눈동자

를 보지 못하면 상사에 대한 묘한 위압감과 신비감을 느낀다. CEO
도 마찬가지다. 약간 신비의 베일에 가려져 있어야 카리스마를 가질
수 있다. 요즘 열린 경영, 소통을 한답시고 인터넷에 사장이나 장관
의 모든 일정을 공개하는 경우가 있는데, 득보다는 실이 많다.

　다시 해병대 이야기로 돌아가보자.
　전방에 크레모아라는 게 있다. 적이 몰래 침투하다가 연결해놓은
크레모아 줄을 건드리면 폭발한다. 말하자면 지뢰 비슷한 것이다. 그
런데 야간에 토끼란 놈들이 번번이 이 줄을 건드려 애꿎은 크레모아
가 폭발하곤 한다. 그래서 병사들이 장교 몰래 이를 설치하지 않고
적당한 곳에 숨겨두는 일이 많았다.
　하루는 대대장이 불시에 내무반에 들이닥쳤다. 그러고는 정말 귀
신같이 침상 밑에 숨겨둔 크레모아를 찾아냈다. 간첩 침투를 막아야
할 크레모아를 설치하지 않다니, 대대장이 정말 열받았다. 그 당시
해병대는 제아무리 장교라도 상급 장교에게 터진다. 소대원들이 보
는 앞에서 '푸싱', '펀칭' 등을 수없이 당하며 정말 곤욕을 치렀다.
소대장 본인은 잘못한 게 없는데 엉뚱한 부하들 때문에 제대로 당한
것이다.
　대대장의 지프차가 떠나고 나니 소대원들의 얼굴이 하얗게 질렸
다. 당연히 이제는 소대장이 그들을 팰 차례니까. 하지만 그러지 않
았다. 바로 이때가 자기 헌신의 카리스마를 부하들에게 보여줄 때였

으니까. 아무 소리 안 하고 부하들을 해산시켰다. 생각지 못했던 소대장의 반응에 부하들은 놀랐다. '어? 생각보단 통이 크네.' 아마 이렇게들 생각했을 것이다.

그다음부터는 어떻게 되었겠는가? 소대는 순조롭게 돌아가고 소대장으로서 확고한 리더십을 발휘할 수 있었다. 아, 30여 년이 지난 지금도 그 시절이 그립다. 부하들은 형님처럼 따랐고, 이후 제대하고 찾아온 몇 녀석은 취직까지 시켜줬다.

처음엔 정말 고생고생해서 딴 계급장을 어깨에 달고 전방으로 나가니, 모든 인간이 '계급'으로 보였다. '나는 장교, 너희는 사병.' 초반에는 매사에 이런 식으로 부하들을 명령조로 다뤘다. 물론 군율이 엄한 군대이기에 다들 겉으로는 복종하는 척했다. 하지만 겨우 30명을 데리고 움직이는데도 연신 삐걱거리고 소대가 제대로 돌아가질 않았다. 그럴수록 계급장에 의존해 권위적으로 단체기합을 주고 육체적 고통을 가했다.

하루는 대원들을 집합시키고 단체로 빳다를 쳤다. 그런데 상주 출신의 K상병이 벌렁 드러눕더니 못 일어나겠다는 것이다. '구타금지' 지시사항이 수시로 내려오고 있는 데다 다음 날 국방부 특검이 나올 판인데, 큰일 났다. 그런데 아무리 봐도 수상하다. 분명 저렇게 뻗을 정도로 치지는 않았는데. 장교 훈련을 받을 때 하도 맞아봐서 그 정도는 알 수 있다.

K상병을 불러 보건소로 가자고 했다. 처음에는 못 걷겠다고 난리를 치더니 한두 시간 걸리는 거리를 지팡이를 짚고 따라오긴 했다. 강화도의 한적한 면소재지 골목 끝에 보건소가 보이고 바로 옆에 중국집이 있었다. 매일 맛없는 군대 '짬밥'만 먹다가 기름진 자장면 냄새 좀 맡아봐라. 환장한다. 아무 소리 안 하고 발길을 중국집으로 돌렸다. 그리고 탕수육과 야끼만두, 고량주 1병을 시켰다. 전방 군인의 굶주린 창자에 기름기와 뜨끈한 독주가 들어가니 세상이 다르게 보였다.

중국집을 나서서 보건소가 아닌 부대로 향했다. 둘 사이에 아무 말도 없이 자연스럽게. 뒤를 힐끗 돌아보니 지팡이는 간 데 없고 K상병은 아주 씩씩히 걷고 있었다. 그가 제대할 때 물어보았다. 그때 왜 엄살을 피웠느냐고. 돌아온 답인즉, 새로 온 소대장이 싸가지가 없어 엿 먹이려고 일부러 엄살을 피웠다는 것이다.

계급과 지위만 내세워 아랫사람을 마구 다루면, 부하들이 사보타지(sabotage)하거나 심한 경우 상사를 물 먹일 수 있다는 귀중한 경험을 얻었다.

리더십은 절대 계급장이나 지위에서 나오지 않는다. 권위로 군림하면서 우러러보게 하되, 결정적인 순간의 배려와 포용으로 마음속 깊은 충정을 이끌어내야 한다.

회사 내에서 부하들 잘못 때문에 사장한테 욕을 먹었다 치자. "누가 이런 짓을 했어?"라고 펄펄 뛰며 윽박지르지 마시라. 리더가 부하의 잘못을 감싸고 헌신할 때, 감동 속에 충정이 싹튼다. 권위로 군림하고, 배려로 포용하는 것이 현명한 리더의 자세다.

첫째, 사람을 움직이는 리더십은 '혼'에서 나온다. 미 해병 1사단이 과달카날전투에서 승리할 수 있었던 힘, 해병대가 특유의 동지애로 똘똘 뭉칠 수 있었던 힘, 그 바탕에는 모두 '혼'이 있었다. 왜 일해야 하는지, 왜 이겨야 하는지, 왜 우리가 함께 해야 하는지에 대한 명확한 이유, 그것이 바로 혼이다. 혼을 지닌 리더, 그리고 그 혼을 아랫사람과 공유할 줄 아는 리더는 막강한 리더십을 발휘할 수 있다.

둘째, '당근'과 '채찍'은 여전히 유효하다. '당근'만으로는 조직이 해이해지고 나태해질 수 있다. '채찍'만으로는 조직이 분열되고 해체될 수 있다. 이제는 고리타분하게 들릴지 모르지만 '당근'과 '채찍'은 강력한 리더십 도구다. '채찍'으로 긴장시키고 '당근'으로 풀어줘라. 긴장과 이완의 반복은 조직을 계속 새롭게 만든다.

셋째, '분열된 리더십'을 경계하라. 민주주의에 기반한 리더십은 리더의 독단을 '해악'으로 여기게 만들었다. 많은 리더가 조직의 의견에 귀를 기울이고, 이에 따라 의사결정을 내린다.

하지만 의사결정자가 많아질수록 내려진 결정의 힘은 약해질 수 있다. 책임자도 불분명해진다. 모두의 의견을 중시하되 최후의 결정은 리더의 몫으로 남겨두고, 그 결정에 대해서는 어떤 이견도 없도록 하라.

넷째, 많은 부하들을 데리고 일할 때 모든 부하들을 일일이 통제할 수는 없다. 계급이나 지위를 떠나 무리 속에는 반드시 보이지 않는 우두머리가 있기 마련이다. 바로 이 우두머리만 심복으로 만들면 조직 전체가 자연스럽게 움직이고 여러분은 멋진 리더십을 발휘할 수 있다.

매클렐런 장군과
그랜트 장군의
'윗분 모시기' 전략

복종하는 듯, 조종하라

남북전쟁이 한창이던 1861년 11월 중순의 어느 날 저녁, 링컨 대통령이 조지 매클렐런(George McClellan) 장군의 집을 찾았다. 하지만 장군이 출타 중인 관계로, 응접실에서 한참을 기다려야 했다. 한 시간 후, 매클렐런 장군이 귀가하자 부관이 "대통령께서 기다리고 계시다"고 전했지만, 그는 이를 무시하고 위층 침실로 올라가버렸다. 30분이 지난 후 링컨은 부관을 통해 "아직도 기다리고 있다"는 전갈을 보냈지만, 돌아온 답은 "장군께서 이미 잠자리에 들었다"는 것이다. 하는 수 없이 발길을 돌려 장군 집을 나오자 동행했던 윌리엄 수어드(William Seward) 국무장관이 펄펄 뛰었다. "아니, 대통령을 무시해도 분수가 있지, 이럴 수가 있느냐"고.

분을 못 이기는 수어드 장관에게 링컨이 건넨 말은 이랬다.

"전쟁에서 승리만 거둘 수 있다면 매클렐런 장군의 말고삐를 잡는 사람이라도 되겠다."

링컨의 인내심과 관용을 이야기할 때 빼놓을 수 없는 유명한 일화이다. 링컨은 전쟁 초기 우수한 병력과 장비에도 불구하고 남군에게 연전연패하는 북군을 지휘할 자는 매클렐런 장군밖에 없다고 생각한 것이다. 그리고 바로 이 약점을 알고, 매클렐런 장군은 역사에 길이 남을 오만방자한 태도로 윗분을 모신(?) 것이다.

반면 전혀 상반된 윗분 모시기의 일화도 있다. 1970년대 건설 붐이 한창일 때, 부하직원들을 무섭게 다그쳐 '불도저 왕'이란 별명을 얻은 회장이 있었다. 자신이 최고라고 자부하며 부하는 닦달해야만 된다고 믿는 스타일의 경영자였다. 그러니 이사들은 회장실에 들어가면 무자비하게 깨져서 나오기 일쑤였다. 대부분의 이사들은 회장에게 제출할 보고서를 밤을 새가며 완벽하게 만들어놓고서도, 회장의 힐책에 변명하느라 땀을 뻘뻘 흘렸다. 물론 그럴수록 회장은 더욱 거칠게 부하를 몰아붙이고.

그런데 M이사는 달랐다. 그는 일부러 보고서에 사소한 실수 몇 개를 집어넣었다. 그리고 회장이 이를 지적하면 큰 소리로 감탄사를 연발하며 호들갑을 떨었다.

"이 분야에서 20년을 일한 저도 미처 몰랐는데 회장님께서 지적해주셨습니다. 회장님의 통찰력은 대단하십니다. 회장님 앞에만 서면 저는 대학시절의 학생 같아집니다."

자신이 최고라고 생각하는 왕 회장의 허영심을 마음껏 치켜세운 것이다. 이같이 절묘한 '윗분 모시기' 덕분에 M이사는 자신보다 재능이 뛰어난 경쟁자들을 물리치고, 그룹의 사장까지 올랐다.

철학자 칼리스테네스(Kalisthenes)에 얽힌 이야기도 있다.

유명한 철학자 아리스토텔레스(Aristoteles)는 알렉산더 대왕의 스승이다. 역사에 의하면 알렉산더 대왕이 페르시아 원정을 갈 때, 아리스토텔레스가 칼리스테네스를 왕의 철학자로 추천했다고 한다. 칼리스테네스의 나서는 성격을 잘 아는 아리스토텔레스는 "신하로서 너무 나서지 말고, 자기 생각을 지나치게 주장하지 말라"고 신신당부했다. 말하자면 왕의 측근이자 조언자로서, 조용히 그림자같이 모시라는 뜻이었다. 그런데 칼리스테네스는 철학자의 본분은 진실을 말하는 것이라 생각하고, 사사건건 바른말을 하며 알렉산더 대왕의 비위를 거슬렀다. 결과는? 결국 화가 치민 알렉산더 대왕에 의해 처형되고 말았다.

불도저 왕 회장이나 알렉산더 대왕처럼 자신감과 권위로 똘똘 뭉친 윗분에게 눈치 없이 섣부른 직언은 금물이다. 윗분의 성향에 따라 모시는 방법도 달라져야 한다.

글로벌 무한 경쟁시대의
'윗분 모시기' 전략 ●

매클렐런 장군, M이사, 철학자 칼리스테네스의 이야기는 우리가 직장에서 윗사람을 모시는 일이 쉽지 않다는 사실을 말해준다. 우리 모두들 사회생활을 해볼 만큼 해보았지만, 사장님이건 장관이건 윗분을 모시는 데는 한 가지 정답이 있을 수 없다. 그 당시의 상황과 윗사람의 성격에 따라 달라지기 마련. 만약 왕 회장의 부하가 매클렐런 장군처럼 행동했다면 그 자리에서 당장 쫓겨났을 것이다.

여기서 리처드 셀 펜실베이니아대학교 와튼스쿨 교수, 베스트셀러 작가 로버트 그린 등이 말하는 '윗분 모시기' 전략을 살펴보자.

첫째, 윗사람 앞에서 잘난 척하거나 자신을 너무 과시하지 마라.

프랑수아 미테랑 전 프랑스 대통령은 보좌관들에게 아주 너그럽기로 소문이 나 있었다. 그는 보좌관의 의견과 인격을 존중해주었고, 그들이 약간 무례한 행동을 해도 별로 개의치 않았다. 그런 미테랑 대통령이지만 참지 못하는 일이 딱 한 가지 있었다. 바로 보좌관들이 너무 잘난 척을 하거나, 대통령의 이름을 빌려 자신들의 목소리를 지나치게 높이는 것이었다.

어지간한 리더는 산전수전을 다 겪은 터라 부하들이 똑똑한지 아닌지 금방 알아차린다. 말하자면 자신이 똑똑하다는 걸 내세우려고 굳이 애쓰지 않아도, 이미 윗사람은 알고 있다는 이야기다. 너무 설쳐대다가는 오히려 괜히 눈 밖에 나기 십상.

특히 윗사람보다 더 많이 아는 것처럼 구는 일은 금물이다. 윗사람이 당신보다 똑똑하다는 우월감을 느끼게 해야 한다. 인간은 지적으로 남보다 우수하다고 느낄 때만큼 기분 좋을 때가 없다고 한다. M이사는 왕 회장의 지적 우월감을 충족시켰기에 총애를 받을 수 있었다.

모 회사 사장이 간부들과 수행비서를 데리고 파리 출장을 갔다. 평소 프랑스 와인을 즐기며 프랑스의 문화와 역사에 정통하다고 자부하던 사장은, 파리 시내를 다니며 직원들에게 질문을 퍼부었다. "김 이사, 저 에펠탑 언제 만든 건 줄 알아?", "박 상무, 베르사유궁전에 화장실이 있게, 없게?"

눈치 있는 간부들의 한결같은 대답은 "모르겠는데요?"였고, 사장은 자신의 유식함을 한껏 즐기고 있었다. 그런데 애송이 수행비서가 자신이 프랑스에서 공부를 했다며 사사건건 끼어들어 정답을 이야기하는 것이 아닌가. 간부들이 계속 눈치를 주었지만, 사장에게 잘 보이겠다는 욕심에 광분한 수행비서는 계속 떠들어댔다. 결국 다음 행선지인 런던으로 떠나며 사장이 한마디 던졌다.

"박 상무, 저 수행비서, 서울로 귀국시켜버려."

둘째, 윗사람을 너무 정면으로 비판하지 마라.

학창시절, 우리는 진리를 이야기해야 한다고 배웠다. 역사를 보면 군주에게 용감히 직언을 한 충신이 많다. 그러나 윗사람도 감정을 가진 인간이라는 사실을 잊어선 안 된다.

민정수석을 지낸 분에게 들은 이야기이다. 민정수석의 업무 중 하나가 대통령 친인척을 관리하는 일인데, 각종 정보기관을 통해 대통령 아들의 비리가 올라오더란다. 대통령이 사랑하는 아들의 비리인지라 보고할 수도 없고, 안 하자니 직무유기이고 머리 꽤나 아팠단다.

고심에 고심을 거듭하던 어느 날, 좋은 기회를 잡았다. 대통령의 지지도가 올라갔다는 여론조사 결과가 나온 것이다. 이를 보고하니 대통령의 기분이 아주 좋다. '찬스는 바로 이때다' 하고 조심스레 아들 이야기를 꺼냈다. 아차, 대통령의 안색이 굳어지더니 아무 소리 없이 창밖만 쳐다본다. 머쓱해져 자리를 떴다.

몇 달 후 상황이 좀더 심각해진 아들의 비리가 속속 올라온다. 이번에도 대통령의 기분이 좋은 틈을 타 보고를 했다. 반응은 전과 동일. 아무 말 없이 창밖만 응시할 뿐이다. 이럴 경우, 절대 세 번은 못 한다. 만약 했다가는 민정수석 자신이 대통령 눈 밖에 나서 청와대를 떠나야 할 것이다. 말하자면 칼리스테네스 꼴이 되는 것이다.

셋째, 절대 오만하게 행동하지 마라. 남들이 떠받들 때일수록 겸손하게 행동하라.

링컨 대통령은 남북전쟁 초기, 그야말로 사면초가였다. 단숨에 물리칠 수 있을 줄 알았던 남군에게 어처구니없이 밀리니, 북군의 사기가 땅에 떨어지고 여론의 비난이 빗발쳤다. 이 상황에서 링컨에겐 유능한 장군이 필요했고, 당시 '젊은 나폴레옹'이라 불리며 능력을 과시하던 매클렐런 장군밖에 대안이 없었다. 이 점을 잘 알고 있는 매클렐런 장군은 자만심에 넘쳐 대통령을 함부로 대한 것이다.

결과는?

시간이 흐른 뒤에도 여전히 마구잡이로 행동하던 매클렐런 장군은 결국 링컨에게 해임되고 만다.

고등학교에 다닐 때 교장선생님이 늘 하시던 말씀이 있다. 어느 조직에나 세 종류의 사람들이 있다는 것이다. '있으나 마나 한 사람', '있어선 안 될 사람', '꼭 있어야 할 사람'. 물론 선생님께서는 세 번째 인간이 되라고 말씀하셨다. 여러분도 '꼭 있어야 할 사람'이 되어 회사에서 '모셔갈' 때가 있을 것이다. 당신이 없으면 회사가 거덜이라도 날 것처럼 상전 모시듯이 할지도 모른다. 이때는 매클렐런 장군처럼 상대가 사장이건 전무건 다소 멋대로 행동해도 괜찮다. 속으로 불쾌할지언정 상대는 꾹 참을 것이다.

그러나 이것만은 명심하라. 당신이 없으면 안 되는 상황이 무한정 계속되리란 보장은 없다. 언젠가는 꼭, 여러분의 자리를 메울 사람이 생긴다. 평소 윗사람이나 동료에게 시건방지게 굴었다면 비참하게 추락하는 것은 불 보듯 뻔한 일이다. 매클렐런 장군도 그를 대신할 유능한 장군이 생겼을 때 "내가 해임된 것을 신문을 보고서야 알았다"라고 할 정도로 가차 없이 목이 날아갔다.

북군이 마냥 밀리던 중 무명의 율리시스 그랜트 장군이 테네시주의 빅스버그에서 대승을 거두자 워싱턴은 환호했고, 궁지에 몰렸던 링컨의 정치적 입지도 강화되었다. 이에 링컨은 그랜트를 워싱턴으로 불러들였다. 그리하여 워싱턴의 윌라드 호텔에 들어선 그랜트 장군. 미처 그를 알아보지 못한 호텔 지배인이 다락방밖에 없다고 하자, 군말 없이 '그랜트와 그의 아들'이라고 숙박부를 썼다. 참모도 부관도 없이 오직 아들만 대동한 채, 신분을 숨기고 워싱턴에 나타난 것이다. 이름을 보고서야 그랜트 장군을 알아본 호텔 지배인은 깜짝 놀라 방을 옮겨주었다.

링컨은 그를 위한 성대한 개선파티를 열어주겠다고 했다. 하지만 이 '개선장군'은 "군인은 전선으로 돌아가야 한다"며 파티를 사양하고, 나흘 만에 홀연히 워싱턴을 떠났다. 거드름을 피우며 파티를 해도 충분한 대승을 거둔 장군의 행동치고는 너무나 겸손했다. 이 겸손한 장군은 결국 남북전쟁이 끝난 후 미합중국의 대통령 자리까지 올라갔다.

반면 세종대왕 때 6진을 개척한 공로로 병조판서가 되어 한양에 온 김종서 장군은 겸손함과는 거리가 멀었다. 목에 힘이 팍 들어가 지내던 어느 날, 하루는 황희 정승이 주재하는 회의에 늦게 도착해서는 미안한 기색도 없이 삐딱하게 자리에 앉았다. 이를 본 황희 정승이 소리 높여 하인을 부르며 말하길, "병조판서께서 앉으신 걸상의 다리 한쪽이 짧은가보니 와서 손질해드려라." 그제야 정신이 번쩍 든 김종서 장군은 무례함을 사죄했다고 한다.

다시 당부하지만 회사나 조직에서 잘나갈 때일수록, 윗사람까지 나서서 당신을 떠받들 때일수록, 오히려 겸손해야 한다. 당신의 거만이 훗날 당신을 찌르는 화살이 될 수 있음을 명심하라.

넷째, 이유 여하를 막론하고 윗사람보다 더 빛나지 마라.

사장이 싱가포르에 출장을 온다는 연락을 받은 K지사장은 속으로 회심의 미소를 지었다. 본사의 해외영업 담당 상무가 다른 회사로 간 직후였다. 사장에게 잘만 보이면 영전할 수 있는 절호의 찬스였던 것이다.

이런 중대한 기회에 사장을 시내의 식당에서 모시는 것은 부족한 듯하여, 집에서 만찬을 준비하기로 했다. 사장은 이전에 싱가포르 지사장으로 근무한 적이 있기에 어지간한 만찬으로는 감동을 주기 힘들 터였다. 최고급 호텔에서 주방장을 데리고 와 최고의 메뉴를 준비하고 정부고관, 은행장 등 현지의 저명인사들을 초대했다. 지사장으로서의 영향력과 지극한 성의를 사장에게 보여주기 위해서였다. 만찬장에 모인 사람들은 한결같이 "이렇게 멋진 만찬은 처음 보았다"라고 칭찬하였다.

만찬의 성공에 심취한 K지사장은 서울에서 날아올 영전 소식을 기다렸다. 그런데 며칠 후 날아온 것은 귀국 명령이었다. 사장이 자기보다 앞선 부하를 보고 한마디로 열이 받은 것이다. 자신이 지사 장시절에 살던 집보다 훨씬 좋은 집에서 살고, 자신보다 현지의 유명인사를 더 많이 알다니. 거기다 그런 초호화 파티를 열려면 분명 개인 돈만으로는 부족할 테니, 결국 회사 돈을 펑펑 썼다는 이야기가 아닌가. 이 모든 것이 합쳐져 사장의 심기를 건드린 K지사장은 결국 한직으로 좌천되고 말았다.

YS시절, TV에 등장한 대통령 영부인의 의상이 세련되지 못하다는 이야기가 있었다. 마침 자리를 같이할 기회가 있어서 영부인을 모시는 비서에게 이에 대해 물어보았다. 그의 대답인즉, 다소 일부러 그런다는 것이다. 이미 할머니인 영부인이 화려하고 세련되게 꾸며보았자 국민들의 눈에 곱게 비칠 리가 없다. 옷 입는 것부터 소박하면서 다소 엉성하게 보여야 국민들이 일종의 대리만족을 한다는 이야기였다.

다섯째, 절대 윗사람의 콤플렉스를 건드리지 마라.

우리나라 사람들이 술을 엄청나게 퍼마시는데도 불구하고 알코올 중독이 사회적 문제가 되지 않는 데는 세 가지 이유가 있다고 한다. 첫째, 낮술을 안 마신다. 둘째, 저녁에 음식과 같이 마신다(다른 나라에 가보면 안주 없이 강술만 마셔대는 애주가를 많이 본다). 셋째, 대개 일이 끝난 후 동료들끼리 상사 욕하는 재미로 마신다. 낮에 상사에게 받은 스트레스를 동료들과 한잔하며 푸는 것이다. 술 몇 잔만 들어가면 부장이고 전무고 사장이고 무참히 난도질한다. 이때 주의할 점은 절대 상사의 개인적 특성이나 콤플렉스를 가지고 별명을 붙인다든지 하며 조롱해선 안 된다는 사실이다.

"키가 작은 피그미 같은 K전무 있잖아…." 이런 멘트는 금물이다. 술자리에 있는 사람들은 여러분의 동료이지만 다른 한편으론 여러분의 경쟁자일 수가 있다. 자신을 '피그미'라고 불렀다는 이야기가 K전무의 귀에 들어가봐라. 가뜩이나 작은 키에 콤플렉스가 있는 K전무인데 그다음 상황은 말할 필요도 없다.

당신에게 경각심을 불러일으켜줄 일화 한 토막. 18세기 말 영국에 조지 브루멜(George Brummell)이라는 유명한 디자이너가 있었다. 왕세자도 그를 좋아하여 궁정 파티에 초청을 하였다. 그런데 우쭐해진 브루멜이 뚱뚱한 왕세자를 보고 '빅벤(Big Ben, 비대하다는 뜻)'이라 부르는 것이 아닌가. 열받은 왕세자는 당장 그 자리에서 브루멜을 궁정 밖으로 내쫓아버렸다.

여섯째, 윗사람과 눈높이를 맞추어야 한다.

1975년에 임용된 고시 17회에서 장관이 8명 나왔다. 공무원 생활을 시작할 때 '저 친구는 똑똑해. 꼭 장관이 될 거야'라고 점찍은 동기생은 거의 장관이 되지 못했다. 오히려 별로 두각을 안 나타내던 동기들 중에 장관이 많이 나왔다. 왜 그럴까?

가만히 생각해보니 국장까지는(회사에서는 부장까지일 것이다) 자기가 맡은 일만 열심히 하면 된다. 그런데 국장에서 차관되고, 또 장관까지 되는 것은 일만 열심히 하는 것으로는 부족하다. 장관이 된 사람들은 우리경제가 어떻게 돌아가고, 최고통치차인 대통령은 지금 상황을 어떻게 생각하는지 등의 큰 그림을 본 동기생들이다.

오래전 이야기다. 모 그룹 회장이 계열사 사장들에게 지시를 내렸다. 돈을 아끼지 말고, 해외에서 우수한 인재를 유치하라고. 나흘 후 사장단 회의에서 H사장이 의기양양하게 회장에게 보고했다. 지시대로 하버드 박사 몇 명, MIT 박사 몇 명하는 식으로, 미국의 유명대학에서 내로라하는 박사학위 소지자를 엄청나게 스카우트해온 것이다. 보고를 마친 H사장은 회장의 얼굴을 쳐다보았다. 칭찬받을 일만 남았다는 듯이. 그런데 회장은 기대와 달리 시큰둥한 표정을 지으며 입을 열었다.

"데려온 인재 중에서 가장 연봉이 높은 사람은 얼마를 받지?"

"5억 원입니다."

그 소리를 듣자마자 회장은 테이블을 치며 버럭 화를 냈다.

"아니, 당신 그렇게 해놓고서 세계적 인재를 유치해왔다고 보고를 하나?"

이게 도대체 어찌된 일인가? 칭찬받아 마땅한 순간에 날벼락이라니. 이유는 간단하다. 전 그룹을 총괄하는 회장과 계열사를 이끄는 H사장의 눈높이가 다르기 때문이다. H사장의 연봉은 10억 원이었고, 당시 그룹 사장들의 머릿속에는 '내가 회사에서 제일 높으니까 연봉도 제일 많이 받아야 한다'는 고정관념이 박혀 있었다. 회장은 그룹 사장단의 이 잘못된 고정관념을 깨려고 야단을 친 것이다. 생각해보시라. 세계적 인재가 겨우 5억 받고 한국에 오겠는가. 실리콘밸리나 뉴욕에 가면 그 몇 배를 받을 수도 있는데 말이다.

임진왜란이 터진 후, 한양을 버리고 의주로 피난을 갈 때 선조는 왕을 그만두겠다고 여러 차례 이야기했다. 여러분이 신하라면 어떻게 말했겠는가?

"왕께서 그렇게 하고 싶으면 하시지요."

그 말이 나온 순간, 당신은 왕의 눈 밖에 날 것이다. 패전으로 권위가 땅에 떨어진 선조가 신하들의 충성심을 시험하기 위해 던진 '덫'이었으니 말이다.

여러분도 만년 부장에서 끝내지 않고 임원이 되고 계열사 사장까지 하려면, 세상을 넓고 높게 보며 윗사람과 눈높이를 맞출 수 있어야 한다. 말이 쉽지, 어떻게 하면 이렇게 될 수 있을까?

책을 많이 읽어라. 그렇다고 '상사의 마음을 움직이는 ○○가지 방법', '백만장자가 되는 ○○가지 방법' 같은 책은 제발 읽지 마시라. 생각해보자. 몇 가지 방법을 터득한다고, 상대의 마음을 움직이고 행복해지며 부자가 될 수 있겠는가? 대부분 책 팔아먹으려고 붙인

제목들이다. 부자가 되는 방법을 진짜 알면, 자기가 그 방법으로 부자가 되지 왜 책을 쓰겠는가. 진정 읽어야 할 책은 역사, 문학, 문화, 경제를 통틀어 여러분의 지적 시야를 넓히고, 지평선 너머를 볼 수 있는 통찰력을 키워주는 책이다. 물론 전문 분야의 책도 잊지 말고 읽어야 한다.

일본 와세다대학에 있을 때 들으니, 일본사람들도 대학시절에는 우리처럼 책을 많이 안 읽는다고 한다. 그런데 일단 직장에 들어가면 끊임없이 책을 읽으며 자기 발전을 도모한다는 것이다. 실제로 도쿄의 지하철에 가보면 거의 모든 사람들이 뭔가를 읽고 있다. 더욱 놀라운 사실은 와세다대학 앞에 수많은 술집과 책방이 있는데, 제일 늦게 문을 닫는 곳이 책방이라는 것이다. 보통 술집은 자정이면 셔터를 내리는데 책방은 새벽 두 시까지 연다. 사람들이 한잔 걸치고 집에 가다가 책방에 들러 책을 사기 때문이다.

미국의 클린턴 전 대통령, 오바마 대통령도 지독한 책벌레다. 책을 한 권 잡으면 밤을 새워 읽어치운다 한다. 더욱 재미있는 것은 마오쩌둥의 독서 습관이다. 그는 널찍한 침대를 썼는데, 침대 한쪽에 책을 수북이 쌓아놓고 잠을 자다가도 생각나면 책을 펼쳐 읽었다고 한다. 특히 대약진운동 실패 후 류사오치 등 실용주의자들로부터 공격을 받아 정치적으로 궁지에 몰렸을 때, 미친 듯이 고전과 역사서를 읽었다 한다. 그 속에서 현실의 정치적 난관을 타개할 지혜를 찾아내기 위해서였다.

첫째, 황새와 눈높이를 맞출 줄 아는 뱁새가 되라. 윗분의 마음에 들려면 그의 마음을 아는 것이 우선이다. 회사의 경영 비전, 리더의 경영철학을 이해하고 거기에 맞춰 행동하라. 좁은 안목으로 무조건 일만 해서는 결코 성공할 수 없다.

둘째, 겸손은 '미덕'이 아닌 '전략'이다. 칭찬 앞에 고개 숙이고 잘나갈 때일수록 성과 앞에 자신을 낮추어라. 설사 가식이라며 눈 흘기며 볼 사람이 있을지언정, 시기하고 질투하는 세력은 잠재울 수 있다. 뒤에서 흠잡을 망정 대놓고 흠내기는 힘든 사람은 겸손한 사람이다.

셋째, 가끔 윗사람에게 직언도 해야 한다. 이때 수위 조절과 '타이밍(timing)'이 중요하다. 윗사람의 기분을 살펴가며 눈치 있게 직언하라. 사장이나 장관의 비서가 힘을 쓰는 게 바로 이 점 덕분이다. 평소 밉보인 이사는 사장의 기분이 나쁠 때 결제를 들여보낸다. 물론 좋게 본 이사는 사장의 기분이 좋을 때 들여보내고.

섀클턴 탐험대와
프랭클린 탐험대의
운명을 가른 컬처 코드

'나의 눈'이 아닌 '그의 눈'으로 바라보라

"섀클턴이 돌아왔다."

1916년 8월 30일, 런던 시민들은 일제히 환호했다. 1914년 12월 5일 남극 횡단을 위해 영국을 떠났던 어니스트 섀클턴(Ernest Shackleton)의 탐험대가 실종된 지 거의 2년 만에 귀환한 것이다. 그것도 그 혹독한 남극 대륙의 추위와 극심한 굶주림 속에서 단 1명의 희생자도 없이 27명의 탐험대원 전원이.

1914년 섀클턴의 탐험대는 범선 '인듀어런스호'를 타고 남극 탐험 장정을 떠난다. 그런데 항해를 시작한 지 45일째 되던 1915년 1월 19일, 남극 웨들해의 얼음에 갇혀 옴짝달싹할 수 없는 상황이 되었다. 하지만 남극이나 북극 탐험에서 흔히 당하는 사고인데다가, 날씨가 따뜻해져 눈이 녹으면 탈출하는 건 어렵지 않았다. 다행히 준비해온 비상식량도 있고 해서 탐험대는 배에서 음악도 연주하고, 체스대회도 열며 느긋하게 여름을 기다렸다.

그런데 이게 무슨 일인가. 여름이 되었건만 배는 얼음바다에서 빠져나오지 못하고, 앞뒤에서 조이는 부빙(浮氷, 바다 위를 떠도는 얼음덩어리)의 압력을 이기지 못해 결국 침몰해버렸다.

그야말로 암울한 위기. 하지만 이들은 포기하지 않았다. 간신히 근처 섬에 상륙한 탐험대는 섀클턴의 진두지휘 아래, 허름한 텐트를 치고 영하 70도의 추위와 시속 300km의 살을 에는 강풍, 굶주림과 싸우며 4개월의 밤을 버텨냈다.

구조대가 오길 손꼽아 기다리며 버티길 여러 날. 하염없이 섬에 머물 수는 없는 노릇이기에 섀클턴은 구조대를 데리고 오겠다는 약속을 남기고, 대원 몇 명과 함께 구명보트를 타고 섬을 떠난다. 남은 대원들은 대장이 돌아올 것이라고 기대하지 않았다. 세계에서 가장 험하기로 소문난 드레이크 해협을 배도 아닌 보트로 건너기란 불가능한 일이라 생각했기 때문이다.

그러나 섀클턴과 5명의 대원은 1,000km 이상의 험한 바다를 16일 동안이나 항해해, 결국 사우스조지아섬에 도착했다. 상륙한 곳은 불행히도 얼음으로 뒤덮인 해안이었지만, 38시간 동안 아무것도 먹지 않은 채 맨몸으로 산맥을 넘어서 반대편으로 이동, 드디어 사람들이 모여 있는 고래잡이 기지에 당도해 구조를 요청했다. 그리하여 섬에 남겨두고 온 나머지 대원 모두 극적으로 구해냈던 것이다.

'위대한 실패'라 불리는 새클턴의 귀환은 인류 탐험사에서 최고의 기적이다. 물론 이러한 기적의 배경에는 온갖 역경에도 용기를 잃지 않은 새클턴의 위대한 리더십과 철저히 준비한 보급품과 비상식량, 그리고 영국인 특유의 인내심이 작용했다고 할 수 있다.

하지만 1845년 5월, 북서항로를 개척하기 위해 북극해로 떠난 존 프랭클린(John Franklin)의 탐험대는 3년 치 비상식량을 갖고 있었음에도, 유빙(流氷)에 갇혀 표류하다 전원이 희생되었다. 극지탐험 사상 최대의 비극이었다. 20세기 초 남극탐험에 나섰던 다른 영국탐험대도 배가 좌초된 후, 충분한 비상식량이 있었음에도 불구하고 생존하질 못했다.

왜 새클턴 탐험대는 2년 가까운 기간을 남극에서 표류하다 전원이 무사 귀환했는데, 다른 탐험대는 비극적 종말을 맞았을까? 무엇이 이들의 운명을 갈라놓았을까?

물론 여러 가지 이유가 있었겠지만 가장 결정적인 것은 비타민C이다.

크리스토퍼 콜럼버스(Christopher Columbus)가 신대륙을 발견한 이후, 대항해를 할 때건 극지탐험을 할 때건, 인간을 괴롭힌 것은 괴혈병이었다. 이 병은 오랜 기간 신선한 채소나 과일을 먹지 못할 때

비타민C 결핍으로 걸린다.

위의 모든 탐험대 역시 괴혈병 때문에 고생을 했는데, 이들의 생존 여부는 현지상황에 적응하는 방법에서 갈렸다. 섀클턴의 탐험대는 준비해간 식량이 동이 나자 주변의 물개나 펭귄을 잡아먹으며 연명했다. 극한상황 속에서 문명의 허식을 버리고 에스키모처럼 날고기를 그대로 먹었다. 덕분에 펭귄이나 물개고기 속에 있는 비타민C를 고스란히 섭취함으로써, 괴혈병을 극복할 수 있었다. 하지만 극지에서도 문명인으로서의 자존심을 버리지 못한 프랭클린의 탐험대는 잡은 고기를 어떻게든 익혀 먹었다. 비타민C는 고온에서 파괴되었고, 결국 그들은 괴혈병의 그림자에서 벗어나지 못했다.

1911년 10월, 노르웨이의 탐험가 로알 아문센(Roald Amundsen)이 남극으로 향하면서, 영국의 탐험가 로버트 스콧(Robert F. Scott)과의 역사적인 경주가 시작된다. 언뜻 보기에 최고의 장비를 갖춘 문명팀(스콧 탐험대) 대 엉성한 야만인 팀(아문센 탐험대)의 경쟁이다. 세계 최강 대영제국과 눈 덮인 신생 독립국의 경쟁이었으니 말이다.

스콧 탐험대는 영국 최고의 기술력으로 만든 모터 썰매와 영국제 최고급 순모 방한복, 그리고 추위에 강하기로 유명한 만주산 조랑말까지 갖추었다. 여기에 비해 아문센 탐험대의 모습은 초라하기 그지없었다. 어느 에스키모 마을의 사람들이 잠시 외출이라도 나온 듯, 털가죽 옷에 개 몇 마리가 끄는 썰매가 장비의 전부였다.

베이스캠프를 출발한 지 얼마 안 되어 조랑말과 썰매 개들부터 쓰러지기 시작했다. 아무리 만주의 겨울이 춥다 해도, 아무리 추위에 단련된 썰매 개라 해도 남극의 혹한에는 버틸 수 없었던 모양이다.

여기서 스콧과 아문센의 대처는 확연히 차이가 난다.

아문센은 쓰러진 개를 식량으로 이용해 굶주림을 면한 반면, 스콧은 영국 신사답게 쓰러진 조랑말을 차마 먹지 못했다. 게다가 최첨단 기술로 만든 모터 썰매도 추위에 엔진이 얼어붙고, 영국산 순모 방한복은 남극의 추위에 제 기능을 다하지 못했다. 결국 배고픔에 지치고, 조랑말도 모터 썰매도 쓸 수 없게 된 스콧의 탐험대는, 짐이 되어버린 썰매를 끌며 하루에 간신히 15km씩 행진했다. 이와 달린 아문센 탐험대는 아직 쌩쌩한 개들이 끄는 썰매와 미리 준비한 스키를 통해, 하루에 30km, 어느 날은 50km까지 달렸다. 눈 덮인 설원을 신나게 쌩쌩.

더 이상 말하지 않아도, 아문센과 스콧의 남극탐험 경쟁의 결과가 어떻게 되었는지는 쉽게 가늠할 수 있을 것이다. 아문센은 남극점을 탐험하고 귀환을 해서 영웅 대접을 받았고, 스콧은 남극에 아문센보다 늦게 도달한 후 낙담하여 귀환하다가 전 대원과 함께 그대로 눈 위에 쓰러지고 말았다.

"끝까지 살아남는 종(種)은 강한 놈도, 큰 놈도 아니다. 잘 적응하는 놈이다."

찰스 다윈(Charles Darwin)의 말이다. 섀클턴 탐험대의 기적적 귀환과 다른 탐험대의 희생, 아문센의 남극 정복과 스콧의 비운. 운명을 가른 것은 '현지 적응력'이다. 승자인 섀클턴과 아문센은 극지에서는 현지에 빨리 적응하는 것이 중요하다는 사실을 알았다. 반면 패자가 된 프랭클린과 스콧은 극한상황에서도 자신의 문명적 우월감과 문화적 품위를 지키려다가 결국 비참한 최후를 맞은 것이다.

'신해박해'의 원인은
문화에 대한 이해 부족 ● 서강대학교에 계신 신부 교수님들을 보면, 의외로 격식에 지나치게 얽매이지 않을뿐더러 현실에 대한 이해가 매우 높으시다. 말씀도 재미있게 하시고, 가끔 술도 드신다. 이 분들은 가톨릭 중에서 예수회(Jesuit) 소속인데, '곤여만국전도(坤輿萬國全圖)'로 유명한 마테오리치(Matteo Ricci)가 바로 예수회 신부다.

18세기 말 천주교가 조선에 들어올 당시 수많은 조정의 대신들이 천주교를 탄압해야 한다고 주장했지만, 현명한 군주인 정조는 구태여 천주교를 박해하려 들지 않았다. 오히려 천주교가 낡은 조선사회에 새바람을 불러일으킬 서학(西學)이라 이해하였다. 그 당시 조선을 관장하던 북경주교는 예수회 소속이었다. 예수회는 교육을 통해 전도를 하고자 우리나라의 서강대학, 미국의 조지타운대학, 일본의 조치대학 같은 명문대학을 세계 각지에 세우고, 가능한 한 현지문화와 조화를 이루려 했다.

예수회 출신 북경주교는 제사를 일종의 '문화'로 간주해, 굳이 조선의 조상 숭배문화와 부딪치려 하지 않았다. 그런데 문제는 1782년 북경주교로 임명된 알레샨드르 드 고베아(Alexandre de Gouvea)가 "조상 숭배는 천주교 교리와 상충된다"고 공언해버리면서 시작되었다. 이 말을 듣고 전라도 진산에서 윤지충이란 천주교 신자가 제사를 폐하고 신주를 불태우면서 소위 '신해박해(진산사건)'가 발생하기에 이른다.

"조상의 신주를 불태워?"

당시 조선사회에서는 도저히 받아들일 수 없는 사건이었다. 민심이 동요하자 시시탐탐 천주교 박해의 빌미를 노리던 반대파가 들고 일어났다. 상황이 이렇게 되자 아무리 왕이라도 어찌할 도리가 없어 1791년 천주교의 첫 번째 시련인 신해박해가 터진 것이다.

역사의 가정이지만, 가능한 한 현지문화와 불필요한 충돌을 피하고자 했던 예수회 출신이 북경주교 자리를 지켜 신해박해가 벌어지지 않았다면, 천주교와 서학이 보다 순조롭게 유입돼 조선에 좀더 빨리, 좀더 풍성하게, 근대화의 새바람이 불었을지도 모른다.

섀클턴과 스콧의 남극탐험, 천주교 신해박해에서 배우는 교훈은 간단하다.

현지문화를 잘 이해하라. 가능하면 현지문화와 불필요한 충돌을 일으키지 마라!

이는 극지탐험이나 선교에서 뿐만 아니라 국제 협상에서도 깊이 명심해야 할 금과옥조이다. 2008년 마이크로소프트(Microsoft)의 빌 게이츠(Bill Gates) 전 회장이 우리나라를 찾아와 이명박 대통령을 만난 적이 있다. 그런데 두 사람이 악수하는 사진을 두고 네티즌들 사이에 말이 많았다. 빌 게이츠가 뻣뻣이 서서 왼손을 주머니에 넣은 채로 우리 대통령과 악수를 한 것이다. 여러분이 지난 대선에서 누구를 찍었든 간에 대한민국 국민으로서 기분 좋을 리 없는 장면이다. 그야말로 어처구니없는 실수. 미국과 달리, 한국사회에서는 아무리 빌 게이츠 같은 세계적 명사라도 일단 대통령에게 최대한 경의를 표해야 한다는 사실을 몰랐던 것이다.

사실 미국은 최강국이라는 자만심 때문인지 '컬처 코드(culture code)'에 대한 이해도, 이해하려는 노력도 부족한 편이다. 미국의 한 회사가 미국 비즈니스맨의 협상능력을 다른 나라와 비교해서 평가해보았더니 재미있는 결과가 나왔다. '개인적 자질 A⁻, 성취동기 B+, 협상준비 B⁻'로 나름대로 점수가 좋은데 '현지화에 대한 이해능력'에서 D학점을 받았다.

실제로 미국과 협상을 하다보면 정말 답답할 때가 있다. 일례로 미국인들은 맥도날드의 빅맥 지수(Big Mac index, 세계적으로 품질, 크기,

재료가 표준화돼 있는 맥도날드 빅맥 햄버거 가격으로 세계 물가와 구매력을 평가할 수 있다는 이론을 토대로 한 지수)가 다른 나라에 모두 적용될 수 있는 글로벌 스탠다드라고 생각한다. 사실 세계에 보편적으로 통용될 수 있는 글로벌 스탠다드는 세계 모든 나라의 문화를 합친 유니버셜 스탠다드(universal standard)여야 한다.

문화적 충돌 없이
어울리는 '글로벌 리더십' ● 공직에 있을 때 급히 베트남

으로 출장을 간 적이 있다. 당시 베트남에 진출한 우리기업에서 노사분규가 너무 많아, 현지 신문이 연일 이를 대서특필하고 있었다. 우리나라 국가 이미지에 먹칠을 해대니 도대체 원인이 무엇인지 조사해보라는 정부의 지시가 떨어졌다.

호치민시에 가서 현지 기업인과 간담회를 하니 모두들 펄쩍 뛴다. "아니, 안산에서 수십 년간 가발공장을 하다가 인건비 때문에 도저히 운영이 안 돼 베트남에 왔는데, 현지 근로자를 막 다룰 일이 뭐 있냐?"는 것이다. 들어보니 그럴 듯했다. 우리 기업인들이 일부러 노사분규를 일으킬 리가 없다. 현지 공장 몇 군데를 돌아보고서야 노사분규의 원인을 알아냈다.

우리 기업인들이 한국에서 근로자를 대하던 식으로 현지 근로자를 대한 것이 문제였다. 한국에서 생산라인에 앉은 근로자의 어깨를 가볍게 치며 독려하는 건 아무런 문제가 안 된다. 그런데 베트남 근로자에게 물어보니 한국인한테 "맞았다(beaten)"는 것이다. 우리 개념으로는 '툭툭 두드렸는데(touch)' 그들의 개념으로는 맞은 것이 되어버렸다.

가끔 강의를 하다보면 옆에 앉은 친구의 머리카락을 만지는 여학생을 가끔 본다. 그런데 여러분이 동남아시아에 가서 현지인의 머리카락을 만지면 어떻게 반응할까? 기분 나빠할까? 아니다. 기분이 나쁜 정도가 아니라 심하게 모욕당했다고 느낀다.

학자들이 연구한 바에 의하면 국제 협상에서 문화적 충돌(cultural clash)은 문화적 차이 그 자체보다도 상대방과 자신의 문화적 차이를 의식하지 못하는 데서 발생한다. 앞의 빌 게이츠나 베트남에 진출한 한국기업들이 그 좋은 예이다.

다른 문화권과 국제 협상을 할 때 주의해야 할 점은 첫째, 무엇보다 상대방과의 문화적 차이를 인지해야 한다는 것이다.

당신이 인도네시아의 호텔에서 현지인과 식사를 하며 협상을 하고 있다고 치자. 그때 맛있는 빵을 왼손으로 집어 상대에게 건네면? 대단한 실례이다. 전 세계인의 1/3은 포크나 나이프로 식사를 한다. 1/3은 젓가락, 그리고 나머지 1/3은 맨손으로 먹는다. 인도네시아, 말레이시아, 중동 같은 주로 무슬림 문명권이 맨손으로 먹는다. 그런데 맨손으로 빵을 건넨 것이 무슨 문제냐고? 손이라고 다 같은 손이 아니다. 그들에게 오른손은 식사 때 쓰는 클린 핸드(clean hand)지만 왼손은 화장실에서 쓰는 더티 핸드(dirty hand)이다.

예를 하나만 더 들자. 커피는 입에도 대지 않는 당신이 뉴욕의 IBM 사무실을 방문하니, 피터슨 전무가 손수 커피를 타 준다. 사우디아라비아에 가니 압둘라 전무도 똑같이 커피를 권한다. 이 두 가지 경우에 어떻게 행동하겠는가?

우선 뉴욕에서는 "고맙지만 사양하겠습니다(No, thank you. I don't drink coffee)"라고 거절해도 아무런 문제가 없다. 그런데 사우디아라비아에서 이런 식으로 거절하면? 술을 안 마시는 중동인에게 커피를 함께 마시는 것은 일종의 '관계 형성(relationship building)' 행위이다. 그런데 이를 거절하는 것은 협상에 찬물을 끼얹는 일이나 진배없다.

국제 협상을 할 때 주의해야 할 점 두 번째로는, 이유 여하를 막론하고 상대방의 문화를 존중해줘야 한다는 것이다. 이는 미국인이나 유럽인과 협상할 때보다도 동남아인이나 중남미인과 상담할 때 특히 강조되는 규칙이다.

공직에 있을 때 미국 국무성의 국장이나 일본 경제산업성의 국장이 오면 으레 저녁에 한정식 식당에 가서 한잔했다. 뒤에서 이야기하겠지만 국제 협상에서 폭탄주는 우리나라의 국가 경쟁력(!)이다.

식사를 하기 전에 "한국에 와서 한국 관료와 협상을 하려면 한국식 폭탄주를 최소 세 잔은 마셔야 한다"라고 선언을 한다.

이때 미 국무성의 국장은 어떻게 반응할까? 당연히 미국문화에서 보면 폭탄주는 미개한 음주문화이다. 게다가 세계 최강의 미 국무성 국장과 한국 국장의 '끗발'이 같은가? 얼마든지 일언지하에 거절할 수 있다. 그런데 대부분의 미국과 일본의 고위 공무원은 이 야만적(?) 술잔을 받아서 성큼 마신다. 그러곤 "원더풀!"을 외친다. 한국에 와서 협상을 하는 이상, 현지문화에 따라주는 것이 현명하다는 사실을 아는 것이다.

그렇다면 미국이나 일본의 고위 공무원과 실무 공무원 중에 누가 더 한국문화에 잘 따라줄까? 일반의 예상과 달리, 고위 공무원이 폭탄주도 더 잘 마시고, 한국음식도 넙죽넙죽 잘 먹는다.

이것이 바로 지구촌 경제시대에 여러분 모두가 가져야 할 '글로벌 리더십(global leadership)'이다. 글로벌 리더십이란 별 게 아니다. 여러분이 세계 어느 나라에 가서, 누구와 협상을 하든지 문화적 충돌 없이 잘 어울리는 걸 말한다. 미국과 일본의 고위 공무원은 이 같은 문화적 리더십을 가진 것이다.

상대와의 문화적 차이를 인지하는 게 첫째요, 상대방의 문화를 최대한 존중해주는 게 둘째라면, 마지막은 상대의 문화에 맞는 협상 전략을 쓰는 것이다.

우리기업이 미국기업과 M&A나 전략적 제휴, 또는 합작 협상을 할 때 많이 저지르는 실수가 있다. 어려운 협상이니 한 서너 번은 만나야 본 협상에 들어가리라 예상하고, 첫 만남은 상견례 정도려니 하며 미국에 간다. 그런데 첫 만남에서 미국인 파트너가 "오케이, 합작을 합시다!"라고 나온다. 본 협상에 대한 준비가 전혀 안 되어 있으니 당황할 수밖에. 한국과 달리 미국기업은 협상 대표에게 권한과 책임을 모두 위임하기에 이런 일이 벌어진다.

반대로 일본기업과 협상을 하려면 정말 분주히 서울과 도쿄를 오가야 한다. 한 대여섯 번 정도 만난 다음에야 합작을 하자는 "오케이" 소리를 들을 수 있다.

그런데 학자들의 연구에 의하면, 최종계약을 맺는 시기는 미국기업이나 일본기업이나 비슷하단다. 일본 협상 대표는 미국과 달리 내부 조율을 모두 거친 후에, 여러분에게 "오케이"라는 말을 하기에 그다음 단계는 빨리 진행된다는 것이다. 그러므로 미국기업과 협상할 때는 상대의 빠른 오케이에 조심하고, 일본기업의 경우 오케이가 늦어지더라도 인내심을 가지고 협상해나가는 전략이 필요하다.

'컬처 코드'는 글로벌시대의 새로운 화두이다. '나의 눈'을 버리고 '그의 눈'으로 바라보라. 외국의 현지문화에 대한 이해와 적응력은 당신의 가장 막강한 경쟁력이 되어줄 것이다.

첫째, 컬처 코드는 인간과 비즈니스를 이해하는 열쇠다. 글로벌시대, 타 문화에 대한 깊은 이해와 배려는 막강한 경쟁력이 될 수 있다. 로마법을 따르는 것만으로는 부족하다. 로마에 갔으면 철저히 로마 사람이 되어야 한다. 이는 단순히 글로벌 비즈니스에만 국한되는 이야기는 아니다. 당신이 상대하는 사람이 누구든, 그에 대한 지식과 이해가 관계의 향방을 좌우한다.

둘째, 배려하되 고삐를 늦추지 마라. 상대에게 무조건 맞춰주다보면 자신도 모르는 사이에 그에게 끌려다닐 수 있다. 문화적으로 배려하되, 만남의 목표는 분명히 하라. 인간적으로 양보하되, 비즈니스적으로는 선을 분명히 하는 전략이 필요하다.

셋째, 여러분이 성공적인 글로벌 비즈니스맨이 되려면 이유 여하를 막론하고 현지문화를 즐겨라. 몽골이나 우즈베키스탄, 또는 베트남에 가보면 현지인이 그들의 방식으로 여러분을 접대하려 들 때가 있을 것이다. 사실 현지음식이 입에도 안 맞고 술맛도 익숙하지 않은 경우가 많다. 하지만 글로벌 리더십을 가지고, 가능하면 잘 어울려주시라.

이순신 장군에게 배우는
'인맥 만들기' 전략

상대도 모르게 내 편으로 만드는 '네트워크 협상'

이순신 장군 연구회에 참가해 이야기를 듣다보면, 한 가지 느끼는 점이 있다. 이순신 장군이 위인전이나 드라마에서 묘사되는 것처럼 완전무결한 성웅은 아니라는 사실이다. 평범한 우리들과 같이, 그 역시 인간적 약점도 있고 고뇌하며 갈등하는 사람이었다.

체격이나 외모도 우리가 흔히 생각하는 장군의 이미지와는 달랐다. 건강도 좋지 않은 편이었는데, 특히 위장이 나빠 '온백원'이라는 환약을 매일 먹어야 했다. 그런데도 술은 무척 좋아해서 부하들과 회식할 때면 두주불사(斗酒不辭)의 주량을 자랑했다. 위장이 안 좋은데 그렇게 마셔대니 잠을 제대로 잘 수 있었겠는가. 잠자리에 들면 이부자리가 흥건해질 정도로 진땀을 흘리며, 앉았다 일어났다를 반복하면서 날을 샌 것이 한두 번이 아니란다.

아니, 위장이 그렇게 나쁘면 술을 끊으면 되지? 옳은 말씀이다. 하지만 우리 주위에 술 잘 마시는 사람을 보시라. 어디 위장이 튼튼해 마시던가? 술을 좋아해 마신다, 사람이 좋아 마신다, 업무상 마신다 등등 별별 핑계가 있다. 그런 점에서 이순신도 우리와 다르지 않았던 것 같다.

이순신 장군이 우리와 별반 다르지 않은 사람임을 보여주는 또 다른 일화 한 가지. 그 역시 오늘날의 우리처럼 능력뿐 아니라 인맥관리도 중요한 경쟁력이라는 사실을 알고 있었다.

이순신은 그 유명한 통영공방에서 만든 고급부채를 한양의 권문세가 부인들에게 자주 선물했다고 한다. 또한 권세가 대감들에게는 그들의 이름을 새긴 칼을 수시로 선물했다. 지금도 진해 해군사관학교에 있는 박물관에 가면 그 칼들이 진열되어 있다. 당시 최고의 실력자였던 류성룡 대감에게 유자 30개를 보냈다는 기록도 있다.

더욱 재미있는 것은 이 모든 내용이 《난중일기》에 고스란히 실려 있다는 점이다. 요즘 검찰의 입장에서 보면 뇌물공여죄에 해당할지도 모르겠다. 더욱이 뇌물공여 장부(?)를 일일이 기록해놓았으니, 사정기관이 덮치면 옴짝달싹 못하고 걸려들기 마련이다.

'야, 알고 보니 이순신 장군도 별 수 없네. 인사 청탁을 하고 권력과 선을 대기 위해 선물공세를 하다니!'

만약 이순신이 단순히 선물만 보냈다면, 이렇게 생각해도 무방하다. 하지만 이순신은 선물을 보낼 때 꼭 서신을 동봉했다. 남해안의 전황이 어떻고, 왜군의 동향이 어떠하며, 조선 수군의 상황은 어떤지 등을 자세히 설명한 서신이었다. 말하자면 조정대신이나 귀부인들에게 끊임없이 자신의 동정을 전달함으로써, 그들을 자연스럽게 '이순신 인맥'으로 만든 것이다.

이순신을 다룬 책이나 기록에 의하면, 원균은 아주 형편없는 장군으로 묘사된다. 원균을 옹호하는 사람들은 좀 억울하다고 한다. 원균도 나름대로 괜찮은 장수였는데 전쟁터에서 싸움만 열심히 했지, 전투가 끝나면 부하들과 술만 마시느라 이순신처럼 서신을 보내고 정황을 보고하는 등의 소위 네트워크 협상을 할 줄 몰랐다는 것이다.

아무리 바다에서 용감하게 싸우고, 전쟁을 잘하면 무엇 하나? 현지 사정을 잘 모르는 왕을 모신 한양의 조정대신들이 엉뚱한 결정을 내리면 큰 낭패이다. 예를 들어 임진왜란 초기의 수군 철폐론같이 말이다. 나라의 운명을 책임진 장군 정도 되면 용감하게 실전에서 싸움만 잘한다고 능사가 아니다. 적에 대한 정보 수집, 부하들의 사기 진작 등 실로 다양한 능력을 지녀야 한다.

그리고 무엇보다 중요한 능력은, 자신과 부하들에 대한 중요한 정책적 결정을 내리는 중앙의 권력자들과 좋은 인맥을 만드는 '네트워크 협상력'이다. 이순신에게는 나라를 구하고자 싸우는 장군의 뜻을 이해하고 도와주며, 더욱이 반대 세력이 음해하고자 할 때 방패막이가 되어줄 인맥이 있었다. 이순신이 위기에 처할 때마다 류성룡, 이항복 같은 당대의 명신들이 그를 지원하고 보호해주지 않았던가.

선조 30년(1597년), 이순신을 삼도수군통제사에서 파직하고 의금부에 가두었을 때 사실 선조는 그를 죽이려 했다. "군주는 전쟁에서 승리한 장군을 제거해야 한다"는 마키아벨리의 말을 구태여 인용하지 않더라도, 선조가 나열한 이순신의 죄는 참수하기에 충분했다. 왕의 어명을 거역하고, 왕을 우습게보며, 허위보고를 했고….

왕이 이 정도로 이야기하고 반역 죄인을 다루는 의금부에 가두었으면, 죽도록 고문하여 실토를 받아내라는 뜻이다. 그런데 기록을 보면 한 달하고 보름 가까이 의금부에서 모진 고문을 당하다가 백의종군의 명을 받아 풀려날 때, 이순신은 두 발로 걸어나오고 말을 탈수 있을 정도의 상태이었다 한다. 만약 의금부에서 제대로 고문했다면 들것에 실려 나와도 모자랄 판이다. 알고 보니 이순신이 풀려날때 제일 먼저 나타나 머리를 조아린 자가 바로 의금부의 우두머리였다. 즉 그도 이순신을 존경하는 사람이었던 것이다.

조정에 넓게 깔린 '이순신 인맥'의 숨은 도움이 없었다면, 조선의 영웅 이순신 장군도 없었을지 모른다.

인맥은 강력한
비즈니스 경쟁력이다 ● 여러분이 어느 직장에서 무슨 일을

하건, 좋은 사람들을 많이 알고 있다는 것은 인생의 큰 자산이다. 똑같이 일류 고등학교를 나오고 서울 법대를 졸업한 두 명의 변호사가 있다고 하자. 한 사람은 학교 동창이나 고향사람들은 물론이고 직장 동료에서부터 시작해, 학계까지 넓은 인맥을 가지고 있다. 그런데 다른 한 명은 앞의 변호사와 똑같은 학교를 나왔는데도 업무상 꼭 필요한 사람 외에는 별다른 인맥이 없다.

똑같은 조건과 직업을 가진 사람들인데 왜 위와 같은 차이가 생기는 걸까?

대답은 간단하다. 인맥은 저절로 만들어지는 것이 아니라, 노력으로 만들어야 하는 것이기 때문이다. 만약 여러분이 집과 직장만을 다람쥐 쳇바퀴 돌듯이 왔다 갔다 하며 살겠다면 몰라도, 사회생활에서 뭔가 꿈을 가지고 발전하겠다고 하면 반드시 좋은 인맥이 필요하다. 명함이나 주고받고 한두 번 아는 척한 사람들이 인맥이라 생각하면 큰 오산이다. 여기서 말하는 인맥의 개념은 이렇다.

- 여러분이 필요해 상대방에게 뭔가를 부탁할 때, '성심성의껏' 움직이든가(물론 일의 성사 여부는 두 번째 문제이다.)
- 힘들고 외로울 때 마음을 터놓고 이야기할 수 있거나
- 여러분과 같이 뭔가를 즐겁게 할 수 있는 상대라야 한다. 즉 같

이 어울려 술을 즐겁게 마신다거나 등산이나 골프를 함께한다
든지, 역사·문화·예술 등에서 다양하게 공감하는 것을 말한다.

그렇다면 어떻게 좋은 인맥을 만들 수 있을까?

첫째, 상대의 처지를 이해하는 '배려형 인물'이 되라.
인맥을 만드는 첫걸음은 상대에게 깊은 관심을 가지고, 그의 처지
나 입장을 이해해주는 데서 시작한다. 아마 여러분 주위엔 '배려형
인물'과 '무관심형 인물', 두 부류가 있을 것이다. 배려형 인물은 당
신이 승진에서 누락하면 저녁에 만나 소주 한잔하며 같이 한탄해주
고, 좋은 일이 있으면 전화로라도 축하를 전한다. 반면 무관심형 인
물은 평소 전화 한 통 없다가 자기가 필요할 때만 나타나 호들갑을
떨며 아양을 부린다. 호감은커녕 얄밉다는 생각만 드는 인물이다.

둘째, '균형된 인맥'을 가져라.
"인맥? 나만큼 인맥이 넓은 사람이 없지. 매일 아침저녁으로 사람
들 만나느라 정신이 없어. 일주일에 조찬모임만 해도 네다섯 번이야."
이렇게 호들갑을 떠는 사람들은 대개 직장의 업무로 맺어진 인맥
을 가지고 있다. 어지간한 회사의 이사나 공무원 국장쯤 되면, 수많
은 회의를 하고 엄청나게 많은 사람들을 만나야 한다. 자연히 업무
상 알고 지내는 사람들이 많아지는 것이다. 이런 경우는 안타깝게도

'좋은 인맥'을 가졌다고 할 수 없다. '편중된 인맥'이기 때문이다. 업무로 맺어진 인맥이기에 이직이나 퇴직을 하면 물거품처럼 사라질 수 있는 인맥이다.

'균형된 인맥'을 가져야 한다. 직장이나 사업으로 맺어진 인연뿐만 아니라, 비공식적인 만남을 통해 형성된 사회 각계각층의 다양한 사람들과의 인맥이 필요하다.

몇 년 전 대구에 있는 한 철강회사로부터 특강 요청을 받은 적이 있다. 원래 지방특강은 잘 안 가는데, 특강을 요청해오는 데서 '뭔가 특이한 분위기'를 느껴 수락했다. 현장에 도착해 공장을 보고는 신선한 충격을 받았다. 철강회사의 공장 하면 쇠냄새가 진동하고 마당에는 철 조각들이 이리저리 늘어져 있으리라 생각했다. 그런데 공장 문을 들어서니 멋진 일본식 정원이 눈에 들어오는 게 아닌가? 정원 한구석에는 지중해풍의 멋진 와인 하우스까지 있었다. 사무실 건물을 보니 1, 2층이 갤러리이다.

그곳이 바로 태창철강이다. 유재성 회장을 만나보니 '상당한 꾼'이라는 생각이 들었다. 여기서 '꾼'이란 자기 사업과 골프만 아는 흔해 빠진 기업인이 아니라, 자기철학과 취향을 가진 멋진 기업인이란 뜻이다. 유 회장은 정원 가꾸기나 사진 같은 고상한 취미에서 시작해 스킨스쿠버, 산악 오토바이 같은 야성적인 스포츠까지 못하는 게 없었다. 활동이 다양하니 주위에는 비즈니스·학계에서 시작해, 예술·문화계까지 정말 폭넓은 사람들이 넘쳐났다. 지금까지 유 회장만큼 균형된 인맥을 가진 사람은 아직 만나지 못했다.

셋째, 실없이 사람을 만나라.

"제발 실없이 사람들 좀 만나세요." 요즘 집사람이 자주 하는 말이다. 학교, 학회와 같이 일로 맺어진 사람들만 만나지 말고, 아무하고나 실없이 만나 동네에서 소주 한잔이라도 하라는 것이다.

중년에 접어들면 남자와 여자가 인맥을 만드는 방법이 다르다. 남자가 일 중심으로 맺어진 편향된 인맥을 가지는 반면, 여자들은 동네 아줌마에서 시작해 동창모임까지 정말 다양하고 균형된 인맥을 가진다. 이렇게 남과 여가 따로 놀다가, 남자가 정년으로 퇴직하면 문제가 발생한다. 갑자기 만날 사람이 없어진 남편은 결국 믿는 건 마누라밖에 없다고 매달린다. 하지만 균형된 인맥을 가진 여자는 나이가 들수록 점점 더 바빠진다.

"놀러갈 때 누구와 같이 가겠나?"

이런 질문을 일본에서 할아버지와 할머니에게 해보았다. 할아버지의 95%가 할머니와 놀러가겠단다. 정확히 거꾸로 95%의 할머니는 할아버지가 아닌 다른 친구들과 가겠다고 답했다. 그래서 늦기 전에 실없이 어울리며 마음 터놓고 이야기할 상대를 많이 만들어놓으라는 것이다.

넷째, 유명인에겐 초면에 너무 친한 척하지 마라.

고등학교 동창 중에 총리나 대통령 비서실장이 나오면 갑자기 동창회가 활기를 띤다. 평소엔 백 명도 얼굴을 안 내밀다가 갑자기 수백 명이 몰려드는 것이다. 총리나 비서실장 주위에는 온갖 선후배들이 모여 친한 척하며 아부를 떤다. 그러곤 권력자와 인맥이 형성되었다고 생각한다. 미안한 이야기지만, 오산이다. 권력자일수록 얄팍하게 접근하는 사람들에 대한 경계심이 강하다. 일단 권력을 쥐면 이렇게 접근하려는 사람들이 한둘이 아닐 터. 이런 사람에겐 의연한 모습으로 보이는 게 의외로 신선하게 비칠 수 있다.

청와대 경제수석실에서 일할 때이다. 당시만 해도 정부가 허가권을 많이 가지고 있어, 많은 사람들이 찾아와 부탁을 했다. 그런데 어떤 사람들은 자리에 앉자마자 "제가 ○○고등학교 몇 회인데 누구 아시느냐?"고 떠들며 학연을 강조한다. 호감이 가지도 않고 성실해 보이지도 않을뿐더러 오히려 경계심만 생긴다. 그런데 어떤 사람은 업무 이야기로 한참을 밀고 당기다가 일이 마무리되고 나서야 "실은 제가 ○○고등학교 25회로 선배님 후배입니다"라고 밝힌다. 상대에게 신뢰가 생기고 '내가 혹시 후배에게 너무 심하게 하지는 않았나' 하는 생각도 든다. 물론 다음에 만나면 잘해주는 것은 물론이고.

다섯째, 꺼진 불도 다시 보자.

권력자에겐 결사적으로 매달리고, 날개가 잘린 사람들에겐 매정하게 등을 돌린다. 우리 주위에 이렇게 행동하는 인물들을 많이 볼 수 있고, 언뜻 보기엔 이런 사람들이 출세도 잘하고 자기 몫도 잘 챙기는 것 같다. 하지만 꺼진 불도 다시 보자는 말이 있다. 장관이나 CEO 자리에 있다가 낙마했다고 그 사람이 아주 끝난 것은 아니다. 얼마든지 다시 권력자의 자리로 돌아올 수 있다.

약삭빠르게 처신하는 사람들이 저지르는 가장 큰 실수는, 열 번 잘하다가도 한 번 잘못해 발등이 크게 찍힌다는 점이다. 장관이나 사장을 하던 사람들의 이야기를 들어보면 권력의 자리에서 물러났을 때 인생의 허무함을 절실히 느낀다 한다. "내가 잘나갈 때 그렇게 알랑거리던 사람들이 어쩌면 저렇게 발길을 딱 끊을 수 있느냐"는 것이다.

처음의 허전함이 나중에는 배반감으로 바뀌고, 자신도 모르게 마음속에 '손봐줄 사람' 리스트를 만든다. 말하자면 다시 권력에 복귀할 때 본때를 보여줄 얄미운 놈들을 마음속에 새겨두는 것이다. 여기에 걸려들면 본전도 못 찾는다.

절대 눈앞의 이익이란 잣대로만 계산하지 말고, 인맥을 만들어라. 상대가 자리에서 물러났을 때도 사심 없이 방문해 이야기를 나누는 인간다움을 가져야 한다. 과거 공무원을 할 때 보면 전직 장관한테 유별나게 잘하는 국장, 과장들이 있었다. 대개 이런 배려형 인물이 인맥도 넓고 무난히 출세하더라.

인맥이 맺어졌다고 방심하지 마라.
계속 관리해야 한다 ● 'K상무와는 한때 참 가까웠는데 연락 한번 안 하고 지낸 지 벌써 몇 년이 되었네.' 가끔 한가한 주말 오후에 드는 생각이다. 사실 바빠 살아가는 현대인들은 끊임없이 인맥의 성을 쌓았다가 부셔버린다. 따라서 인맥을 만드는 것도 중요하지만 이를 잘 관리하는 것이 더 중요하다. 그렇다면 인맥을 관리하는 데 있어 효과적인 방법은 무엇일까?

첫째, 연말연시를 활용하라.
크리스마스나 연초가 되면 정말 많은 카드가 온다. 그런데 봉투를 뜯어보면 그 내용이 한결같은 데 실망한다. 인쇄된 직함과 이름이 있고, 성의 없는 자필 사인이 그 옆에 붙어 있다. 심한 경우, 그 자필조차 비서가 대신한 것은 아닌지 의심스러울 때도 있다. '이런 식이면 차라리 보내지 말지' 하는 생각이 든다.
연말연시 카드나 연하장을 보내는 것은 정기적으로 인맥관리를 하는 좋은 기회이다. 이때 중요한 것은 카드에 한 줄이라도 진심을 담아야 한다는 것이다.
"안 박사님, 어찌하다보니 술 한잔 못하고 한해를 보내네요.", "금년 한해 안 교수님을 만나진 못했지만 신문에 쓰신 글을 열심히 읽었습니다.", "사위 보신 재미가 좋으신지요." 이런 식의 짧은 글을 담은 카드나 연하장을 보면 왠지 마음이 훈훈해진다.

둘째, 절대 바쁘다는 핑계를 대지 마라.

"바빠서 전화 못했습니다.", "바빠서 도저히 시간을 낼 수 없어요." 이런 말을 입에 달고 다니는 사람들이 있다. 진짜 바쁜 사장이나 장관보다, 이사, 과장들이 바쁘다는 핑계를 더 많이 댄다. 평소에 시간을 잘 쪼개 쓰지 못하는 것이라고밖에 할 수 없다. KB금융지주회사의 황영기 전 회장은, 아무리 바쁜 자리에 있을 때도 친구들에게 바쁘다는 핑계를 대지 않는 것으로 알려져 있다. 비서에게 전화메모를 남기면 즉시 전화가 오고 하다못해 문자메시지를 보내도 바로 회신이 온다.

일과 인맥관리에 적절히 시간을 나눌 줄 아는 지혜가 필요하다. 바쁘다는 핑계를 대고 자주 모임에 빠지면 상대방은 속으로 이렇게 반문할 것이다. '세상에 당신만 바쁘냐? 그럼 우리는 할 일이 없어 이 자리에 나왔단 말이냐!' 현직에 있을 때 이런 일이 반복되면 노후가 외로워진다. 대학동창 중에 S그룹에서 아주 잘나가던 친구가 있었다. 바쁘다는 핑계로 동창회나 모임에 코빼기도 안 비추고, 어쩌다 사무실로 전화해도 도대체 통화를 할 수가 없었다. 그러던 친구가 회사를 관두고서야 드디어 친구들 모임에 나왔다. 그러곤 심각한 표정으로 말하길, "역시 나이 드니까 믿을 게 친구들밖에 없더라. 앞으로 우리 자주 만나자." '웃기는 소리하네! 자기 잘나갈 땐 친구들 전화도 안 받다가 날갯죽지 떨어지고 나서 잘 지내자니.' 그 자리에 있던 친구들이 모두 마음속으로 비웃었다.

셋째, 나의 시계가 아닌 상대방의 시계로 시간을 계산하라.

인맥관리를 위해선 가끔 전화를 하든가, 사무실에 들를 필요가 있다. 이때 절대 자기 중심으로 생각하지 마라. 나에게 한가한 오후라고 바쁜 사람에게 전화해 잡담을 하려든다거나 사무실로 찾아가 마냥 엉덩이를 붙이고 늘어지지 마라. 바쁜 상대방에게 엄청난 결례이다. 이런 일이 반복되면 이건 인맥관리가 아니라 '인맥파괴'이다. 항상 전화를 할 땐 상대의 시간을 생각해 재치 있게 빨리 끊고, 사무실에선 용건만 말하고 일어서라.

정부청사에 회의가 있어 간 김에 옛날 동료 얼굴이나 볼까 하여 들르면, 많은 차관들이 손수 사무실에서 나와 비서실에 서서 악수를 하고 이야기를 하려 든다. 바쁘다는 신호이다. 바빠 죽겠는데 방문객이 일단 사무실에 들어와 소파에 앉으면 적어도 10~20분은 뺏을 것이기 때문이다. 이때 절대 섭섭하다 생각마시라. 서서 몇 마디 나누고 나오는 것만으로 충분히 인맥관리를 한 셈이다.

인맥의 요새효과를

조심하라 ● 인맥은 강력한 비즈니스 경쟁력이지만, '양날의 칼'이라는 사실을 잊어선 안 된다. 잘 활용하면 인생의 큰 자산이 될 수 있지만, 잘못하면 여러분을 인맥의 노예로 만들 수 있다.

금융계의 L사단, 재경원의 K장관 라인, D그룹의 K고교 마피아.

모두 한때 잘나가던 찰거머리 인맥들이다. 만약 여러분이 이 인맥에 들어갈 수 있었다면, 승진이나 사업을 하는 데 상당한 덕을 보았을 게다. 하지만 이러한 폐쇄적 인맥은 외부와의 교류를 단절시키는 '요새효과'가 있다. 그저 자기 인맥 사람들하고만 식사하고 술을 마시며 등산을 간다. 외부의 다른 사람들하고는 담을 쌓고 지내며 마냥 자신의 요새 속으로만 기어들어간다.

물론 잘나갈 때라면 이 찰거머리 인맥 안에서 살아도 아무 문제가 없다. 그런데 문제는 이 인맥의 힘이 빠질 때이다. 어느 순간 인간사회의 쓸쓸한 들판 가운데 벌거벗고 서 있는 기분을 느낄 수 있다.

존 F. 케네디(John F. Kennedy) 전 미국 대통령의 아버지는, 아일랜드 이민의 자손으로 이민 초기에 뉴욕의 아일랜드인 거주 지역에서 레스토랑을 하였다. 그는 어려움을 겪는 아일랜드계 이웃의 일에 발 벗고 나서서 도와주었다. 자연히 아일랜드계가 모여 사는 뉴욕의 지역구에 강한 인맥이 만들어졌고, 이를 바탕으로 주 하원에 진출할 수 있었다.

하지만 아일랜드 인맥과의 인연은 딱 여기까지였다.

자신의 아들을 미국 대통령으로 만들기 위해서는, 아일랜드계 미국인이라는 꼬리표를 떼어내야 했다. 그는 과감히 아일랜드 인맥과 결별하고, 아들을 하버드대학에 집어넣었다. 그 당시에만 해도 미국의 지도층이 들어가는 하버드대학에 아일랜드계가 입학하기란 하늘의 별 따기였다고 한다. 더 높은 이상을 위해, '인맥의 요새'를 과감히 벗어난 일화라 할 수 있다.

합동참모본부의장으로 1차 걸프전을 승리로 이끈 콜린 파월(Colin Powell)은 아이티계 흑인이다. 당시 미군에는 백인과 흑인 사이에 보이지 않는 갈등이 있었고, 당연히 파월은 후자 인맥에 속했다. 파월의 회고록을 읽어보면 어느 사단의 백인 참모장이 흑인 병사에게 '검둥이'라고 불렀다가 그 사실이 알려져 보직해임을 당했을 정도다.

1974년 파월이 한국 동두천에 있는 32보병 1대대장으로 부임하니 역시 흑인 병사와 백인 상관 사이에 갈등과 마찰이 심했다. 백인 상관은 문제가 있는 백인 병사는 심하게 다루었지만, 인종차별주의자로 낙인찍힐까봐 오히려 거친 흑인 병사에게는 단호한 조치를 내리지 못하고 있었다.

이러한 약점을 역이용해 '빅스'라는 흑인 병사가 온갖 비리를 저질렀지만, 백인 상관들은 속수무책. 그 지경에 파월이 대대장으로 취임했으니 빅스의 기세는 더욱 등등해지고 백인 장교와 하사관들의 어깨는 축 처졌다. 당연히 흑인 대대장이 같은 인맥에 속하는 흑인 병사들의 편을 들 거라 생각했기 때문이다.

취임 후 3주 정도 지난 어느 날, 파월은 빅스를 사무실로 불렀다. 신이 난 빅스는 자기편인 흑인 대대장에게 다가가 친근히 속삭였다.

"대대장님, 이 대대에는 인종문제가 심각합니다. 이 문제를 논의하기 위해 제가 대대장님과 매일 만나야 하겠습니다."

"그건 불가능해."

"아니, 왜요?"

"빅스 상병. 오산에 비행기 한 대가 있는데 내일 그걸 타고 떠나게. 캘리포니아 트래비스 공군기지에 내리면 자네 해임 서류가 있을 거야."

이렇게 냉정히 말하곤 진짜 흑인 병사를 본국으로 소환시켜버리는 게 아닌가. 파월의 이 같은 조치에 흑인도 놀랐지만 백인들은 더욱 놀랐다. 물론 그다음부터 그 대대에서 흑백갈등이 사라졌고 말이다.

만약 파월이 자기 흑인 인맥을 감싸고 돌았어봐라. 부대는 흑백 대결 구도로 나뉘어져 마냥 으르렁거리고, 파월 대대장은 백인 상관들의 눈에 영원한 흑인 인맥으로 비추어졌을 것이다. 물론 그렇게 되었다면 파월의 군생활은 중령이나 기껏해야 대령에서 끝났을 것이다.

첫째, 요즘 같은 글로벌 경영시대, 인맥은 당신의 귀중한 자산이다. 일만 잘해서 성공하는 시대는 끝났다. 내가 하는 일을 도와주고 협력할 인맥 또한 여러분의 능력인 시대다. 언제 어디서든 내 편이 되어줄 인맥 네트워크를 형성하라. 특히 주의할 사실은 인맥은 '균형'이 잡혀야 한다는 것. 학연, 지연 등 한쪽에 치우친 인맥은 쌓지 않는 것만 못하다는 사실을 명심하라.

둘째, 때론 네트워크 맞바꾸기 전략이 필요하다. 무슨 말인가 하면, 다른 사람의 인맥과 자신의 인맥을 교환할 순간이 있다는 것이다. 예를 들어 당신이 A그룹 사장에게 B그룹 회장을 소개시켜주면, 훗날 당신이 C그룹 이사와 만나려 할 때 그와 인맥이 있는 A그룹 사장의 도움을 받을 수 있다. 인맥은 꼬리에 꼬리를 물고 이어진다는 사실을 명심하라.

셋째, 한국 샐러리맨들의 가장 큰 문제는 직장생활을 할 때가 아니고 회사를 그만두고 나서이다. 업무 중심의 편중된 인맥을 형성했기에 막상 회사를 떠난 후에는 마음을 터놓고 의지할 인맥이 없는 것이다. 따라서 평소부터 실없이 만나 이해관계를 초월하여 마음을 터놓고 지낼 수 있는 학계, 문화예술계의 좋은 인맥을 만들 필요가 있다.

넷째, 인맥의 덫을 조심하라. 특정 인맥에 자신의 모든 것을 걸면 '요새효과'에 빠져 오히려 불리해질 수 있다.

수어드 미 국무장관을
'바보'로 만들어버린
2단계 게임

때론 '적'보다 '동지'의 포섭이 더 어렵다

"바보 멍청이! 아무 쓸데없는 '아이스박스'를 700만 달러나 주고
샀네!"

1867년, 미국인들의 입에서 나온 탄성이다. 윌리엄 수어드 국무
장관이 러시아와 알래스카 매입 협상을 마친 후, 미국에서 여론이
들끓었다.

사방이 얼음뿐인 알래스카를 팔아넘긴 러시아 대표는 국민적 영
웅으로 부상했지만, 이를 사들인 수어드 국무장관은 천하의 멍청이
가 되어버렸다. 매입에 대한 반대와 비난이 쏟아지는 가운데, 수어
드는 의회연설에서 나름의 소신을 밝히며 의원들을 설득하려고 애
썼다. "눈 덮인 알래스카가 아니라 그 안에 감춰진 무한한 보고(寶

庫)를 보자. 나는 이 땅을 현재의 미국인을 위해서가 아니라 미래의 미국 자손들을 위해서 샀다." 결국 우여곡절 끝에 간신히 한 표 차이로 알래스카 매입안을 통과시켰지만 이후로도 오랫동안 여론의 비난과 조롱에 시달려야 했다.

그런데 140여 년이 지난 지금의 평가는?

알래스카에 가보면 수어드 스트리트, 수어드 광장 등 수어드란 이름을 많이 찾아볼 수 있다. 바로 수어드 국무장관의 이름에서 유래한 명칭들이다. 매입 후 30여 년이 흐르고 금, 석유 등 엄청난 자원이 발견되면서 알래스카는 '황금의 땅'으로 거듭나게 되었다. 알래스카 매입은 석유, 가스가 쏟아지고 연어 수출 하나만 해도 본전을 뽑고 남을 황금의 땅을 산, 역사상 가장 성공적인 협상이 되어버린 것이다. 수어드 장관은 역사에 길이 남을 훌륭한 협상을 하고도, 당시에는 엄청난 수모를 당했다.

사실 세상에서 부동산 투자를 가장 잘한 나라는 미국일 것이다.

미국 영토는 독립 당시만 해도 뉴욕, 버지니아 등 동부연안 13개 주에 불과했다. 금싸라기 같은 루이지애나, 하와이, 텍사스, 캘리포니아, 애리조나 같은 많은 영토는 협상을 통해 사들였다. 이 중에 알래스카 매입 협상에 못지않은 '대박'은, 멕시코로부터 텍사스, 캘리포니아, 애리조나를 사들인 것이다.

공직에 있을 때 멕시코 정부와 협상을 하러 간 적이 있다. 멕시코에 투자한 한국기업 삼성전자, LG전자 제품에 대한 미국의 우회덤 핑(circumvention) 움직임을 막기 위해, 두 나라가 공동으로 미국에 대항하자고 멕시코 정부를 설득하러 간 것이다.

대낮의 협상 테이블, 블랑코 상무장관, 페르난도 국장, 알폰소 과장 등, 멕시코 고위관리들은 마치 앵무새처럼 같은 말만 반복했다. "가장 가까운 우방 미국과의 우호관계…"를 들먹이며, 한국과 손을 잡고 미국 정부에 감히 각을 세우길 꺼렸다. 눈치를 보니 '제정신' 가진 공식 협상 테이블에선 도저히 씨알도 안 먹힐 것 같았다.

'저녁에 폭탄주 작전으로 나가자!'

테킬라를 몇 잔 마시고 "코리아의 멋진 '드링킹 예술'을 소개시켜주 겠다"며 테킬라에 맥주를 섞어 몇 순배 돌렸다. 블랑코, 페르난도, 알 폰소 모두 평생 테킬라를 소금과 레몬에 섞어 홀짝홀짝 마셔는 봤지 만, 맥주잔에 부어 폭탄주로 마셔본 건 처음이다. 맛도 괜찮고 기분도 좋네! 대낮에 팽팽하게 감돌던 긴장감이 한순간에 풀렸다.

"제기랄, 세상에 전쟁 한 번 하고서 영토의 반을 **빼앗긴** 나라는 우리 멕시코밖에 없다."

대낮에 그렇게 미국과의 우호관계를 강조하던 멕시코 관리의 입에서 불쑥 튀어나온 말이다. 가슴속 깊은 곳에 있던 미국에 대한 증오가 폭발하기 시작한 것이다.

사실 19세기 중반까지 텍사스는 멕시코 땅이었다. 지금 텍사스에서 멕시코인의 불법이민이 문제라면, 그 당시에는 미국인의 텍사스

불법이민이 멕시코 정부의 골칫거리였다. 하여튼 이를 놓고 멕시코와 미국 사이에 몇 년간 한판 전쟁이 붙었다.

결과는?

멕시코는 눈물을 머금고 텍사스, 뉴멕시코, 애리조나 같은 금싸라기 땅을 미국에 헐값으로 팔아넘기고야 말았다. 그러니 어찌 미국에 대한 감정이 곱기만 하랴!

협상에서 상대가 분노를 폭발시킬 땐 힘껏 맞장구를 쳐야 한다.

한국 정부 대표단도 일본에 당한 36년의 수난을 입에 거품을 물고 떠들어댔다. 그렇게 시간이 흐르고 얼큰히 취해 헤어질 때 내려진 결론은, '멕시코와 한국이 미국의 우회덤핑에 대항하는 공동전선을 펴는 것'이었다!

물거품이 되어버린 물개, 아니 해구신 3천 개 수입 협상 • "물개를 한 3천 마리 수입하지 않으시겠어요?"

언젠가 오타와에서 열린 통상장관회담에서 캐나다 상무장관이 불쑥 내뱉은 말이다. '한국이 캐나다로부터 물개를 수입해?' 사전에 합의한 협상의제에 전혀 들어 있지 않은 이야기다. 뚱딴지같이 무슨 놈의 물개 수입이냐고, 옆에 앉은 장관이 일언지하에 "No" 해버렸다.

커피타임에 사연을 알아본즉 다음과 같다.

세계 최고의 대구어장인 캐나다 동부 뉴펀들랜드뱅크에 최근 물개 숫자가 엄청나게 늘어났다는 것이다. 그런데 이놈들이 인간이 잡을 대구를 마구 먹어치우는 통에, 현지어민이 정부에 민원을 제기하는 데 이르렀다. 말하자면 인간–물개–대구로 이어지는 생태계의 자연스런 먹이사슬의 균형이 깨진 것이다. 캐나다 정부는 물개 3천 마리를 포살하고 처리를 고심하던 중, 우연히 한국인이 물개고기에 관심이 많다는 사실을 알게 되었다. 정확히 말하면 물개고기가 아닌 물개의 특정 부위(!), 즉 해구신이었지만.

해구신! 정력에 좋다면 사족을 못 쓰는 한국 남성이 정말 좋아하는, 귀한 물건이다. 불현듯 군에 근무할 때 있었던 해구신에 얽힌 해프닝이 생각났다. 백령도의 해병부대에서 물개 한 마리가 잡혔다. 부대장은 이걸 '높은 분'께 바치려고 헬기까지 동원해 서울로 긴급 공수를 했다. 그런데 막상 높은 분 앞에 도착한 물개를 보니, 어? 그 중요한 부분(!)이 없다. 누군가 그 부분을 슬쩍 '실례'한 것이다. '앙꼬 없는 찐빵'이란 바로 이럴 때 하는 말이 아닌가 싶다.

어쨌거나 본론으로 돌아오자면, 가만히 생각을 해보니 물개 3천 마리는 바로 3천 명의 한국 남성을 행복하게 해줄 3천 개의 해구신이었다! 그땐 비아그라도 없던 시절 아닌가. 게다가 이번에 고민을 해결해줌으로써, 추후 우리가 도움이 필요할 때 한결 수월하게 캐나다의 협조를 끌어낼 수 있을 터. 열심히 장관을 설득했다. 결국 OK

사인이 떨어졌고, 다음 날 캐나다 측에 통보했다. 캐나다 정부는 당연히 쾌재를 불렀고 모든 게 잘 풀리는 것 같았다. 거의 공짜나 다름없는 가격으로 물개고기를 수입했을 뿐더러 '미래의 협조'까지 보장받은 셈이니, 이것이야말로 일석이조 아닌가.

캐나다에서 해구신 3천 개를 '횡재'하는 멋진 협상을 하고 의기양양하게 비행기를 타고 왔는데, 귀국해서부터 일이 꼬이기 시작했다. 보건사회부(지금의 보건복지가족부) 관리들이 반대하고 나선 것이다. 소위 식품공전이란 게 있는데, '외국에서 수입되는 모든 식품은 건전한 상식으로 먹을 수 있는… 어쩌고저쩌고' 하는 규정이 있단다. 같은 공무원으로서, 아니 같은 남자로서 설득해보려 했지만 앞뒤가 꽉 막힌 관리의 고집을 꺾을 수는 없었다.

캐나다 정부와 '1단계 국제 협상'은 성공적으로 끝냈는데, '2단계 협상'에서 국내 관계부처를 설득 못해 아깝게 무산된 씁쓸한 경험이다.

알래스카 구입 협상과 캐나다 물개 수입 협상에서 우리가 꼭 배워야 할 교훈이 있다.

미국의 정치학자 로버트 퍼트남(Robert D. Putnam)이 말했듯, 국제 협상은 '2단계 게임'이라는 사실이다. 국제 협상은 테이블에 앉아 상대와 밀고 당기는 '1단계 대외 협상'과 상대와 합의한 내용을 내부 관계자에게 설득시키는 '2단계 대내 협상'으로 이루어진다.

그런데 흔히 생각하는 것과 달리 1단계 게임보다 2단계 게임, 즉 내부 협상이 더 어렵다. 이를 증명하는 좋은 예가 한미FTA다. 2009년 4월 두 나라 정부가 FTA를 하기로 합의하였는데, 아직도 국회비준이 안 되고 있다. 미국 정부와의 1단계 대외 협상은 시작한 지 1년도 안 되어 해치웠건만, 국회를 설득하는 2단계 대외 협상이 어려워 3년이 지난 지금도 언제 비준될지 오리무중인 상태다.

비즈니스 협상도 마찬가지다. 흔히들 상대와 밀고 당기는 1단계 협상만 잘하면 되는 줄 아는데 천만의 말씀. 당신이 회사 대표로 중국과의 수원공장 이전 협상을 성공적으로 마무리지었다고 가정해보자. 중국 정부가 거의 헐값에 공장 부지를 제공하기로 했다. 아무리 생각해도 정말 본사에 도움이 되는 협상이다. 이 멋진 협상을 성사시킨 자기 자신이 정말로 자랑스럽다.

잔뜩 목에 힘을 주고 본사로 돌아왔을 때 동료, CEO, 이사회가 쌍수를 들고 환영할까? 안타깝게도, 현실은 그렇지 않을 가능성이 크다. 노조는 공장 해외 이전을 결사반대하고 나오고, 일자리를 잃을 것을 우려한 동료들은 등 뒤에서 협상 결과에 흠집내기 바쁠지 모른다. 어쩌면 수어드 국무장관 신세처럼 성공적 협상을 하고도 사내에서 '쪼다'가 되든지, 캐나다 물개 수입 협상처럼 이사회에서 부결될지도 모른다. 2002년 하이닉스를 미국 마이크론(Micron)에 매각하는 1단계 합의안도 이사회와의 2단계 게임에서 부결되지 않았던가.

전쟁이 지상전, 공중전, 해전으로 복잡하게 전개되며 아군 내에 스며든 적국의 스파이를 조심하고 때론 내부 반역자와 등 뒤에서 활동하는 게릴라를 소탕해야 하는 것처럼, 비즈니스 전쟁의 양상도 결코 단순하지 않다. 협상 테이블 맞은편에 앉은 외부의 적뿐 아니라 여러분 등 뒤에 있는 내부의 적, 즉 노조나 여러분을 질시하는 직장 동료 등도 당신에게 커다란 흠집을 낼 수 있다는 것을 기억하라.

사실 2002년 대우자동차를 GM에 팔 때도 2단계 게임이 정말 골치 아팠다. 일단 노조가 결사반대. 정부 부처 중에도 재정경제부(지금의 기획재정부)는 조기매각 찬성, 산업자원부(지금의 지식경제부)는 매각 반대.

그렇다면 GM의 협상 대표였던 앨런 페리튼(Alan G. Perriton) 아시아태평양지역본부장은 '꽃놀이패'를 돌리고 있었던가?

천만에. GM-대우 협상을 조금만 더 끌었어도 페리튼의 목이 날아갈 뻔했다. 2008~09년 글로벌 금융위기 이후 GM이 거덜났지만, 이미 그 당시에도 GM의 재무팀은 '문어발식으로 외형만 늘려갈 때는 언제고 무너질 수 있다'는 위기의식을 가지고 부채 투성인 대우자동차의 인수를 반대하고 있었다. 우리 협상 대표단이 2단계 게임에서 고전을 면치 못했듯, GM의 대표도 똑같이 2단계 게임에서 심한 압박을 받고 있었던 것이다.

빡빡한 상대를
'구슬리는' 세 가지 전략 ● 어떻게 하면 2단계 게임에서 효율적으로 협상할 수 있을까? 여기에는 여러 가지 전략이 있다.

첫째, 2단계 게임에서 내부 이해관계자가 심하게 반발할 경우, 1단계 게임을 이용하여 압박하는 전략이다.

그 좋은 예가 1997년 외환위기 이후 강성노조와 재벌을 압박한 한국 정부의 전략이다. 외환위기 이전에는 강성노조의 반발과 무조건적 팽창주의에 집착한 재벌의 과욕 때문에, 정부가 산업이나 기업의 구조조정을 원활히 할 수 없었다. 그러다가 1997년 외환위기를 맞으면서 상황이 역전되었다. 정부가 과감하게 부실기업을 해체하고 노동자를 해고하여, 결과적으로 빠른 시일 내에 한국경제를 회복시킬 수 있었던 것이다.

정부는 어떻게 강성노조와 재벌의 반발을 물리치고, 구조조정을 단행할 수 있었을까?

그 방법은 간단하다. "구조조정에 대하여 노조나 재벌이 양보하지 않으면, IMF가 도와주지 않겠다고 했다"는 말로, 노조와 재벌을 은근히 압박한 것이다. 당시 한국경제는 막다른 골목에 다다라 숨을 헐떡이고 있었고, 회생을 위해서는 IMF의 외화 지원이 절대적으로 필요했다. 다시 말해 IMF와의 1단계 협상이 결렬되면 한국경제가 '부도'가 나고, 그때는 노조나 재벌 모두 엄청난 대가를 치러야 되는 상황이었다. 1단계 게임이 2단계 게임의 강력한 히든카드가 된 경우다.

여러분이 2단계 협상에서 까다롭게 구는 상대를 설득하는 방법은, 때로는 배짱 있게 나가는 것이다.

흔히들 반대하는 상대에게, 합의를 하면 어떠한 이익을 얻을 수 있는지를 내세우며 2단계 게임을 하려 한다. 항상 그럴 필요는 없다. "당신이 그렇게 반대하면 상대 기업과의 1단계 게임이 깨지고, 그 때 당신이 치러야 할 협상 결렬비용은 엄청날 것이다"라고 배짱 있게 나가보라. 의외로 상대에게 잘 먹혀들어갈 수 있다.

둘째, 1단계 게임과 2단계 게임을 동시다발로 진행하는 전략이다.

흔히들 상대 기업이나 국가와의 1단계 게임을 완전히 마무리짓고 난 다음에야 내부 관계자와 2단계 협상을 한다고 생각한다. 아주 잘못된 생각이다! 로버트 퍼트남이 말했듯, 1단계 게임과 2단계 게임은 동시에 진행해야 한다.

당신이 중국회사와 합작하여 수원에 있는 컬러TV 공장을 항저우로 옮기는 협상을 진행하고 있다고 하자. 이때 당신의 1단계 게임 상대는 중국의 합작 파트너이다. 2단계 게임 상대는 공장이 중국으로 옮겨지면 일자리를 잃을까 두려워할 노조, 회사 내에서 컬러TV 사업을 담당하는 본부장 등일 것이다.

1단계를 마치고 2단계로 넘어가려 하지 마라. 중국 합작 파트너와의 1단계 협상에서 합의된 내용을 수시로 2단계 게임 상대와 협의해나가라. 물론, 2단계 게임 상대가 순순히 동의해줄 리는 없다. 그럼 어떻게 할까? 이때는 앞의 외환위기 사례와는 반대로, 오히려 1단계 게임 상대를 압박하는 것도 방법일 수 있다. "나는 양보하고 싶은데 당신도 알다시피 한국의 노조가 강하게 반발하여 더 이상 당신에게 양보할 수 없다"라고 힘차게 오리발을 내미는 것이다.

때로 정부 간 협상에서는 1단계 게임에서의 중간 합의 내용을 슬쩍 언론에 흘려, 2단계 이해당사자의 반응을 살펴보기도 한다.

셋째, 적진에서 친구를 찾는 전략이다.

필자가 정부에서 근무할 때 미국 워싱턴에 출장을 가 반도체 반덤핑(anti-dumping) 협상을 진행한 적이 있다. 미 상무부와 한국산 반도체에 대한 덤핑관세 철폐를 놓고 협상을 진행하기 하루 전, 저녁에 많은 사람들이 호텔에 찾아와 협상에 대한 여러 가지 정보를 주었다. 주로 우리가 고용한 워싱턴의 변호사와 로비스트들이었다. 그런데 놀라운 사실은 델컴퓨터(Dell Computer)와 컴팩컴퓨터(Compaq Computer)의 임원들도 정보원에 껴 있었다는 것이다. 그들이 은밀히 호텔에 찾아와서는 미국 정부에 불리하고 한국 정부에 유리한 정보를 준 것이다.

도대체 무슨 일이 벌어지고 있는 것인가? 왜 미국기업이 미국 정부와 한국 정부의 싸움에서 한국 정부의 편을 드는 것일까?

비즈니스 협상을 할 때는, 상대편의 등 뒤에서 벌어지고 있는 2단계 게임 당사자들의 이해관계가 다를 수 있다는 사실을 알 필요가 있다. 한국산 반도체에 대해서 덤핑관세를 부과하자고 미국 정부를 압박한 것은 반도체 제조업체인 마이크론이다. 그런데 PC 제조업체인 델이나 컴팩의 입장에서는, 반도체 덤핑관세가 철회되어 값싼 한국 제품을 쓰고 싶은 것이다. 묘하게도 한국 정부와 미국 PC업체의 협상 이익이 같은 셈이다.

협상을 할 때는 테이블 건너편에 앉은 상대만 보지 마라. 상대편 등 뒤에 있는 다양한 2단계 게임 당사자들의 이해관계를 파악하여, 적 속에서 아군을 찾을 필요가 있다.

첫째, 전략적 제휴나 M&A같이 규모가 큰 협상은 대부분 2단계 게임이라는 사실을 명심하라. 협상 테이블 건너편에 앉은 상대를 제압했다고 안심하다간 큰 코 다치기 십상이다. 바로 내 옆이나 등 뒤에 앉았던 동료가, 성공적으로 진행된 협상에 대해 사내에서 험담을 하고 다닐 수도 있다. 적과의 게임, 동료와의 게임으로 이루어진 2단계 게임을 모두 고려해야만 한다.

둘째, 1단계 게임보다 2단계 게임이 더 힘들 수 있다. 필자가 과거 정부에 근무하며 미국과 어려운 협상을 진행한 경험에 의하면, 어느 면에서는 미국 정부 관리와 협상하는 1단계 게임보다 우리 정부 내의 관계부처 관리를 설득하는 2단계 게임이 더 힘들었다. 어렵게 미국 측과 합의를 하고 돌아와 건설교통부, 농림수산부 등의 담당자를 모아놓고 설명하면 펄펄 뛰며 반대한다. "미국이 뭔데 우리나라의 정책에 이래라 저래라 간섭하는 것입니까? 이건 내정간섭입니다." 이런 식으로 입에 거품을 물며 반대하는 관계부처 공무원을 상대하다보면, 미국과 협상을 하는 통상부처 공무원은 마치 국익을 저버린 친미주의자로 매도당하는 기분마저 들었다. 여러분도 미국이나 일본기업과 회사의 중요한 협상을 진행할 때는, 항상 반대하는 동료나 노조, 경영자 등을 설득하는 방안을 동시에 염두에 두어야 한다.

셋째, 흔히들 상대 회사와의 1단계 게임을 모두 마치고 난 후에 2단계 게임을 하는 줄 아는데 이는 잘못된 생각이다. 퍼트남이라는 학자가 지적했듯이 1단계 게임과 2단계 게임을 동시에 진행해야 한다. 상대 기업과 협상을 하면서 항상 그 진행상황을 2단계 게임에서 반대할 여러분 회사의 동료나 상사 또는 노조 등과 긴밀히 협의해나가야 한다. 물론 처음에는 이들이 사사건건 반대하려들 수 있겠지만, 자기 자신이 협상과정에 참여하였다는 스스로의 만족감 때문에 결정적인 순간에는 여러분을 도울 것이다.

넷째, 당근과 채찍, 즉 '위협'과 '약속'으로 상대를 포섭하라. '위협'은 상대가 내가 바라는 행위를 하지 않을 때, 내 뜻대로 움직이지 않으면 불이익을 주겠다는 것이며, '약속'은 상대가 내 뜻대로 움직일 경우 '보상'하겠다는 달콤한 제안이다. 외환위기 때 한국 정부는 '위협'과 '약속'을 동시에 사용했다. "구조조정을 하지 않으면 IMF가 도와주지 않을 것"이라는 위협과 "구조조정만 하면 IMF가 자금을 지원해줄 것"이라는 약속을 동시에 들이민 전략이었던 것이다.

에스키모들이
썰매 개를 다루는
'기선제압 전략'

위험한 싹은 피기 전에 애당초 잘라버려라

설원의 한적한 에스키모 마을, 어느 집 뜰에 썰매 개 여남은 마리가 평화롭게 앉아 따스한 햇살을 즐기고 있었다. 이때 개 주인의 어린 아들이 다가와 작은 막대기로 이 개, 저 개를 툭툭 건드렸다. 이런 장난에 익숙한 탓인지 대부분의 개들은 무반응이었다. 그런데 이중 한 마리가 이빨을 드러내고 당장이라도 물듯이 '으르렁'거렸다. 개에게서 흔히 나올 수 있는 반응이었다.

그런데 옆에서 사냥도구를 손질하다 이 모습을 본 개 주인은, 그 개에게 성큼 다가가더니 가차 없이 도끼로 찍어 죽여버렸다. 그것도 한 번이 아닌 여러 번 내리치며 무자비하게 작살을 냈다. 곁에서 이를 지켜본 한 방문객이 깜짝 놀라 주인에게 따지듯이 물었다.

"아니, 개가 좀 대드는 시늉을 했다고 그렇게까지 잔인하게 죽일 필요는 없지 않습니까?"

주인의 대답인즉 이렇다. 눈 덮인 설원에 개썰매를 끌고 사냥을 나가다보면 가끔 조난을 당한다고 한다. 구조대를 기다리며 며칠을 버티다가 먹을 것이 떨어지면 인간과 개들 모두 극한상황에 처하게 되는데, 이때 개들의 숨겨진 야성이 드러난다는 것이다. 일단 개의 야성적 본능이 깨어나면 주인조차 먹잇감으로 보이기 시작한다. 이때 반항기 있는 한 놈이라도 주인을 공격하면 모든 개들이 따라서 돌진하고, 결국 주인은 설원에서 딱 '개밥'이 되기 십상이란다.

그래서 평소부터 반항기가 있는 개는 씨를 말려버려야지, 그런 개를 방치하면 위기상황에서 주인이 당한다는 것이다. 반항하는 개를 잔인하게 처단함으로써 다른 개들에게 강한 경고의 메시지를 보내는 측면도 있고.

기선을 제압하는 자가 대부분 승리한다. 이는 일반적인 협상뿐 아니라 인간관계 형성, 심지어 동물과의 '보이지 않는 협상'에도 통하는 지침이다.

협상은 사람들끼리만 하는 게 아니다. 위의 사례에서도 보듯이 동물하고도 '보이지 않는 협상'을 한다. 개하고의 협상, 한 가지 일화가 더 있다.

할리우드 스타들의 개를 훈련시켜 떼돈을 버는 조련사가 있다. 많은 스타들이 자신의 애완견에게 그야말로 지극정성이다. 개 전용 미용사, 수의사를 고용하는 것은 물론이고, 심한 경우 개에게 유산까지 물려준다니 이놈의 할리우드 개 팔자는 진짜 '상팔자'인 셈이다. 상황이 이 지경이니 개들의 버릇이 나빠져 '개 모시기'가 상전 모시기보다 더 힘들다. 이런 가운데 멕시코 출신 개 조련사에게 딱 일주일만 할리우드 귀족 개를 맡기면, 아주 착한 개가 되어 돌아온다는 소문이 돌았다. 할리우드 스타들이 거금을 주고 맡겨보니, 아무리 성질 더러운 개도 되먹지 못한 버릇을 싹 없애고 정말 착한 개가 되어 돌아왔다.

그 개 조련사에게 어떤 비법이 있는 걸까?

비법은 무슨 놈의 비법. 방법은 간단하다. 스타의 되먹지 못한 작고 귀여운 애완견이 들어오면 세퍼드, 포인터 등 큰 개들이 대여섯마리 뒤섞인 우리에 던져버린다. 그러곤 개밥을 줄 때 세숫대야 같은 그릇 하나에 한꺼번에 준다. 목에 힘이 한껏 들어간 할리우드 애완견은 당연히 조르르 달려가서 먼저 시식을 하려 들 것이다. 스타의 집에선 인간이 식사를 갖다 바쳤는데 여기서 다른 개들을 제치고 맨 먼저 먹는 게 뭐가 그리 큰 문제가 되랴?

이 애완견, 상황판단을 잘못해도 한참을 잘못했다. 옆에 있던 큰 개들이 이를 가만 놓아둘 리 없다. 싸가지 없이 구는 애완견을 물어뜯고 짓밟고 난리도 아니다. 개들의 세상에서는 서열순으로 식사를 해야지, 어디 제일 작은 놈이 먼저 덤비느냐는 것이다. 개는 자기들끼리 모아놓으면 계급, 영어로 말하면 하이어라키(hierachy)가 강한 동물이다. 제일 큰 세퍼드, 그다음으로 큰 포인터, 이런 순으로 먹다 보면 제일 작은 할리우드 애완견은 찌꺼기만 핥아야 한다. 맛도 없고 양도 충분치 않다. 하지만 우리 속에는 자기를 귀여워해주는 주인도, 떠받드는 전용 미용사도 주방장도 없다. 오직 덩치와 힘으로 자기를 짓누르는 험상궂은 개들밖에는. 이때 스타의 집에서 인간처럼 시건방지게 행동하던 애완견은 중요한 사실을 깨닫게 된다.

'아, 나는 역시 개새끼밖에 안 되는구나. 그나마 개들 중에서도 제일 꼴찌인 신세.'

바로 이 점을 깨닫고 스타의 집에 되돌아가면, 모든 일에 고분고분하고 말 잘 듣는 착한 개가 된다는 것이다.

때로는 말보다 과감한 행동이 더 강력한 협상 도구가 된다 ● 종종 사막에 가보면 인간은 낙타와도 협상을 한다.

낙타는 어수룩한 겉보기와 달리, 개 못지않게 아주 영악한 동물이다. 아라비아 상인이 어쩌다 무리 없이 홀로 사막을 가면, 낙타는 등에 탄 사람의 목숨이 자신에게 달려 있다는 사실을 안다. 한껏 오만해져서는 온갖 못된 성질을 부린다. 이때 절대로 낙타와 맞붙어, 같이 화를 내서는 안 된다. 혹시라도 성난 낙타가 상인을 내동댕이치고 달아나버리기라도 해보라. 넓은 사막을 혼자 걸어가다가는 그 결과는 뻔하다. 말하자면 낙타에 대한 상인의 협상력(bargaining power)이 제로인 셈이다.

작열하던 한낮의 태양이 지평선 아래로 사라질 때, 상인과 낙타는 오아시스로 들어선다. 이때부터는 상인과 낙타의 관계가 역전된다. '압도적 협상력'을 회복한 상인이 낙타를 손봐줘야 할 순서. 낙타의 못된 성질을 바로잡지 않으면 남은 여정 내내 낙타의 심술에 시달려야 할 터이다. 절호의 찬스를 잡은 상인, 낙타를 야자나무에 묶어놓고 신나게 팬 것까지는 좋았는데 문제는 다음 날이다. 앙심을 품은 낙타가 사막 한가운데에서 앙갚음을 하면 어쩔 것인가.

아라비아 상인은 흠뻑 두들겨 맞아 볼이 멘 낙타에게 반드시 자신이 썼던 두건을 던져준단다. 그러면 낙타는 주인의 냄새가 밴 이 두건을 밤새도록 씩씩대며 물고 뜯고, 혼자 난리를 친다. 주인의 두건에 대고 채찍으로 맞은 앙갚음을 하는 것이다. 이같이 '묘한 협상'을 통해 다음 날 아침 상인과 낙타는 아무 일 없었다는 듯, 사이좋게 길을 떠난다.

이왕에 낙타 이야기가 나왔으니 하나 더 해보자.

미국 켄터키주에 금슬 좋기로 소문난 노부부가 있었다. 결혼생활 50년이 넘도록 부부싸움 한 번을 안 했단다. 하루는 한 기자가 할머니를 찾아가 물었다.

"할머니, 어떻게 목소리 한 번 안 높이고 50년을 사셨습니까?"

눈을 지그시 감고, 시계바늘을 뒤로 돌린 할머니의 이야기다.

결혼식을 올리고서 부부는 사하라 사막으로 신혼여행을 갔다. 낙타를 타고 관광을 하는데 할아버지가 탄 낙타의 성질이 아주 고약했다. 할아버지를 몹시 흔들어대더니 급기야 모래바닥에 내동댕이치고 말았다. 새신랑이 단단히 화를 낼 거라고 생각했는데, 의외로 조용히 일어나 옷에 묻은 모래를 툭툭 털어내고 다시 낙타에 올라타더란다. 단지, 나지막하게 한마디를 던지면서.

"이번이 첫 번째야."

둘째 날에도 낙타는 여전히 성질을 부리며 또다시 신랑을 땅에 떨어뜨렸다. 이번에도 그는 별 반응 없이 다시 올라탔다. 역시나 한마디만 했을 뿐이다.

"이번이 두 번째야."

그때 할머니는 정말 성격 좋은 남자에게 시집왔다고 생각했다. 그런데 셋째 날 놀라운 일이 벌어졌다. 새신랑을 우습게 본 낙타가 그날은 그가 올라타자마자 내동댕이를 쳤다. 이번에도 새신랑은 화내는 기색 없이 조용히 일어났다. 그런데 바로 그 순간이다. "탕." 그가 옆구리에 찬 권총을 꺼내 낙타를 쏴 죽여버린 것이다. 너무나 놀란 할머니가 "어쩌면 그렇게 잔인할 수 있느냐?"고 소리치며 화를 냈다. 할아버지는 별다른 반응 없이, 손가락으로 할머니를 가리키며 말했다.

"이번이 첫 번째야."

이 말을 들은 할머니는 기가 질려 50년 동안 할아버지와 언쟁 한 번을 못했다는 것이다. 처음과 두 번째는 좋은 말로 경고하지만, 세 번째는 무섭게 폭발해버리는 배우자가 아닌가. 신혼여행에서 얼결에 한 번 경고를 받았으니 잘못해 두 번째 경고를 받으면, 그다음 세 번째는 생각하기도 무서운 상황이 벌어질 게 뻔했던 탓이다.

물론 이는 우화적 성격이 짙지만 부부 간에도 보이지 않게 밀고 당기는 협상이 필요하다는 사실을 보여준다. 협상 이론으로 말하면, 할아버지는 신혼 초에 기선제압 전략을 써버린 것이다. 물론 오늘날에는 권총이 아닌 다른 바람직한 방법을 써야겠지만, 협상이 말로만 이루어지는 것은 아니라는 점을 잘 보여주는 이야기이기에 들려드렸다.

초기에 질리게 만들면,
유리한 고지를 점령할 수 있다 • 비즈니스 협상에서도

지금까지 살펴본 바와 같이 때로는 기선제압 전략을 쓸 필요가 있다. 말하자면 초기에 상대가 질리게 만들어 협상에서 유리한 고지를 점령하는 것이다. 그 좋은 예가 1971년 미국과 중국의 국교정상화를 위한 헨리 키신저와 저우언라이의 역사적인 협상이다.

키신저가 저우언라이의 집무실에 들어서면서 "How are you…"라고 손을 내미는 순간, 예상치도 못한 광경이 펼쳐졌다. 저우언라이가 갑자기 '그르렁'거리는 소리를 내며, 누런 가래침을 사무실 한 구석에 있는 타구(가래나 침을 뱉는 그릇. 우리나라도 1960년대까지 흔히 사무실에 타구를 놓았다)에 뱉는 것이 아닌가. 키신저의 회고록을 보면, 저우언라이의 이 같은 행동에 기가 질려 협상 초반에 한동안 정신이 멍했다고 한다.

그런데 흥미로운 것은 중국 측에서 작성한 당시의 자료다. 저우언라이는 미국이나 유럽의 저명인사들과 협상을 할 때, 늘 그런 식으로 가래침을 야만스럽게 뱉고 나서 협상 테이블에 앉았다는 것이다. 서양사람 눈에는 더럽게만 보이는 행위를 통해 상대의 얼을 빼놓는, 저우언라이 나름의 기선제압 전략이었던 셈이다.

Strategy Lesson

첫째, 기선을 제압하는 자가 대부분 승리한다. 이는 협상뿐 아니라 인간관계에도 통하는 지침. 비즈니스 파트너 관계든 상사와 부하관계든 부부관계든, 초반에 누가 기선을 잡느냐가 이후의 관계 우위를 결정한다. 초반에 밀리면 끝까지 밀릴 수 있다.

둘째, 기선을 제압해야 한다고 해서 무조건 강하게 밀어붙이는 것이 능사는 아니다. 고압적인 태도로 일관하다가는 오히려 관계 자체가 틀어질 수 있다. '결정적 순간의 한 방'으로 승부를 보라. 기본적으로 좋은 관계를 유지하되, 결정적인 순간에 당신이 만만치 않은 사람이라는 사실을 보여주라는 이야기. 앞의 노부부 사례에서 살펴본 할아버지처럼 말이다.

셋째, 때로는 상대의 상식으로는 이해할 수 없는 행동으로 기선을 제압할 수도 있다. 키신저 앞에서 가래침을 뱉은 저우언라이처럼 말이다. 이는 의도적으로 스트레스 상황을 조성함으로써 상대에게 심리적인 압박감을 주어 협상에서 유리한 고지를 점령하는 전략이다. 하지만 부작용 또한 만만치 않은 전략이니 주의해서 사용하는 것이 좋다.

위대한 영웅 중
술고래가 많은
까닭은?

때로 술은 상대의 마음을 여는, 유용한 협상 도구다

러시아의 피터대제는 2미터의 거구인 데다 엄청난 주당이었다. 보드카와 와인, 맥주를 마구 섞어 신하들, 외교관들과 마셨다니 오늘날 우리가 즐기는 폭탄주의 원조인지도 모르겠다. 여하튼 이 폭탄주에 질린 덴마크 대사가 하루는 피터대제에게 간청을 하였다.

"폐하, 연일 폭음을 했더니 간이 터질 것 같사옵니다. 주량을 미리 정하고 마셔야 할 것 같습니다."

"좋은 아이디어! 상한선을 어느 정도로 할까요?"

"1리터 정도면 좋겠습니다."

"웬 당치도 않는 소리요? 폭탄주 2리터로 합시다."

피터대제가 어느 정도로 술판을 벌였느냐 하면, 궁정 정문에 무장

경호원을 배치해놓았을 정도다. 술을 마시다가 줄행랑을 치는 사람이 있으면 잡아서 벌주를 마시게 했던 것이다. 한 번은 덴마크 대사가 연회 도중 슬그머니 내빼, 근처에 정박 중인 배에 숨었다가 경호원에게 잡혀왔다. 벌주로 큰 사발에 든 보드카를 단숨에 마시고는 파티장에서 그대로 기절. 이후로도 며칠간을 인사불성으로 헤매야 했다. 이 정도면 '즐기는' 폭탄주가 아니라 '죽여주는' 폭탄주이다.

그런데 한 가지 재미있는 것은 피터대제가 술 취해 벌인 신하들의 실수에 대해서는 아주 관대했다는 사실이다. 빌보아(Vilbois)라고 폭탄주를 아주 잘 마시고 성격이 호탕해, 대제의 총애를 받은 프랑스인 시종무관이 있었는데 어느 날 대취해서는 황후에게 엄청난 무례를 범했다. 이 보고를 받은 피터대제는 분기탱천하기는커녕 씩 웃으며 한마디 했다고 한다.

"빌보아, 또 일을 저질렀군. 분명 필름이 끊겼을 거야."

우리가 그렇게 존경하는 이순신 장군도 술 하나는 끝내주셨다. 부하 장수가 보고를 하러 한산도 본영으로 오면 그냥 돌려보내는 법이 없었다. 무조건 한잔 마시는 것이다. 그것도 대취할 때까지. 한 번은 "전라 우수사 이억기가 보고하러 와서 같이 마시다가 너무 취해 대청마루에 드러누워 하룻밤을 자고 떠났다. 어허!"라고 아주 흐뭇한 심정으로 《난중일기》에 기록했을 정도다.

《난중일기》 완역본을 보면, 며칠 걸러 한 번씩은 부하 장병들과

거나하게 술잔을 기울였음을 알 수 있다. 어느 분이 《난중일기》로 박사논문을 준비하며, 이순신 장군이 일기를 쓴 7년 동안 무슨 일에 얼마의 시간을 보냈는가를 분석해보았다. 제일 많은 30% 정도의 시간은 활을 쏘는 데, 두 번째 많은 24%는 부대관리와 교육 훈련에 보냈단다. 그리고 세 번째로 많은 18%의 시간, 이 시간들을 술을 마시는 데 보냈다는 분석이다. 역시 애주가답다!

술과 협상, 그리고 리더십의 관계

● 피터대제와 이순신 장군은 왜 그리도 술을 좋아했을까? 그런데 이 둘이 유별난 것이 아니다. 사실 알렉산더 대왕에서 시작해 《삼국지三國志》의 장비(張飛), 관우(關羽), 남북전쟁 당시 북군 총사령관이었던 그랜트 장군, 그리고 2차 세계대전의 영웅 윈스턴 처칠(Winston Churchill)에 이르기까지, 역사상 위대한 영웅들 중에는 술고래가 많다.

술과 협상, 그리고 리더십 사이에 무슨 관계가 있는 걸까? '협상과 술'의 관계는 다음과 같이 연결시킬 수 있다.

- 협상자 사이에 정보의 교환이 활발하면 활발할수록, 협상이 성사될 가능성이 커진다.
- 정보의 교환은 협상 당사자 사이의 인간적 관계(interpersonal

relationship)에 크게 영향을 받는다. 쉽게 말해, 상대에게 신뢰가 가지 않으면 입을 다물고 정보를 공유하지 않는다는 것이다. 당연히 정보의 교환이 없으면 협상도 성사되기 힘들다.

• 인간적 관계를 돈독히 하는 방법에는 여러 가지가 있는데 가장 일반적인 것이 접대(entertainment)이다.

접대문화란 한국에만 있는 것이 아니다. 미국의 유명학자도 협상에서 접대의 필요성을 강조한다. 그리고 가장 좋은 접대는 함께 술잔을 기울이는 것이다.

우리말에 '꼴도 보기 싫다'라는 말이 있다. 한국 사람은 싫은 사람은 얼굴도 보기 꺼려하는데, 일단 술 한잔 기울이면 상황이 달라진다. 노사 간에도 아무리 으르렁거리다가도 술 한잔이 들어가면 형님 동생이 되고, 엉켰던 감정의 응어리가 풀어진다. 비즈니스 협상에서도 마찬가지이다. 아무리 까다로운 협상 상대를 만나도 일단 그를 술자리로 불러낼 수 있다면, 돌파구를 찾은 셈이다. 물론, 술이 가져오는 부작용도 만만치 않지만 우선은 긍정적인 측면만 이야기해보았다.

술의 효과는 관계 지향적 협상을 하는 한국, 중국, 일본 같은 동양문화권에서 특히 상당한 위력을 발휘한다.

공직에 있을 때 일본 관료들과 협상을 하다보면 매사에 철저히 따지려들고 세심하다는 인상을 받는다. 한번은 제주도 중문 관광단지에 있는 신라호텔에서 APEC 관계로 일본 경제산업성 관리들과 밀고 당기는 협상을 하였다. 같은 APEC 내에서 선진국인 일본의 입장과 중진국인 한국의 입장이 달라 협상이 잘 풀리지 않았다. 대낮에 맨정신으로 이야기해선 도저히 결말이 나지 않을 것 같아 협상 전략을 바꾸었다.

중문단지 근처에 가면 바닷가에 멋진 횟집들이 많이 있다. 생선회라면 사족을 못 쓰는 일본인들이라 구로다이(흑돔)를 먹자고 하니 만사 제치고 따라나선다. 싱싱하고 큼직한 자연산 흑돔 두 마리를 주문했다. 식탁 위에 올라온 접시를 본 일본 관리들의 눈이 휘둥그레지고 입에서 탄성이 나왔다.

"와, 내 평생 구로다이 한 마리를 통째로 먹을 기회가 있을 줄, 꿈에도 생각 못했다."

누가 일본인이 소식하는 민족이라고 했나? 다 거짓말이다. 일본에선 회가 비싸니까 마음껏 못 먹을 뿐이다. 일본 관리들은 정말 환장한 사람들같이 회를 먹어치웠다. 물론 소주와 폭탄주도 수없이 돌려대고. 다음 날 APEC 협상이 순조롭게 풀린 것은 두말할 필요도 없다. 술 한잔 나눈 약발이 단단히 먹혀들어간 셈이다.

몇 년 전, 도요타(Toyota) 자동차가 있는 일본 나고야현을 방문했다가 흥미로운 이야기를 들었다. "요즘 많은 일본회사들이 직원들끼리 술 좀 마시라고 여러 가지 지원을 해줍니다." 아니, 한국은 폭탄주문화 근절하자고 회사가 캠페인을 벌이는데?

과거에는 일본 샐러리맨들이 퇴근 후에 어울려 술을 많이 먹었다 한다. 그런데 언젠가부터 개인주의가 팽배해지면서 직장 회식이 거의 사라지더니 예상치 못한 문제가 생겼다. 부서 간의 내부 협상이 잘 안 되는 것이다. 퇴근만 하면 즉시 귀가하니 옆 부서에 누가 있는지 무슨 일을 하는지도 모르고, 당연히 업무협조도 원활치 않았다. 그래서 거꾸로 회사에서 퇴근 후 술자리를 가지라고 공간도 마련해주고 회식비도 지원해준다는 이야기였다.

이순신 장군이 부하와 술을 마신 것도 특유한 리더십 협상의 수단이다. 어려운 임진왜란을 치르면서 고생하는 병사들의 사기 진작의 수단으로 회식을 벌인 것이다. 《난중일기》를 보면 수군 5천여 명과의 회식 기록이 자주 등장한다. 말하자면 부하와의 술좌석을 상하 간 의사소통을 원활히 하고, 군의 사기를 높이며, 리더십을 확보하는 수단으로 사용한 셈이다.

하지만 술자리가 언제나 효력을 발휘하는 것은 아니다. 미국 고위 관료와 술자리를 해보면 그 효과는 별로이다. 1997년 자동차시장 개방문제를 놓고 미국과 한국 정부가 팽팽한 줄다리기를 하고 있을 때, 미국무역대표부(USTR)의 필립스 차관보가 방한하였다. 역시 특유의 폭탄주 작전으로 시작해 가라오케에 가서 팝송을 부르며 '러브샷'까지 했다. 정말 화끈하게 접대 한 번 잘한 셈이다. 다음 날 협상장에 느긋한 마음으로 나갔다. 어제 저녁 그렇게 화끈히 접대했으니 모든 게 순조로우리라는 기대에서.

그런데 어럽쇼? 필립스 차관보의 태도, 초기의 뻣뻣한 태도에서 변한 게 하나도 없다. 계속 꼬장꼬장하게 물고 늘어진다. 이게 어찌된 일인가?

"상대와의 개인적 관계와 개별 협상은 철저히 분리하라(separate the deal from the relasionship)."

미국인 교수가 MBA에서 협상 강의를 할 때 가장 많이 강조하는 말이다. 객관적인 정보와 데이터를 중시하는 미국인들에게 술자리는 단지 술자리로 끝난다. 관계 형성에 큰 기대를 걸지 않는 게 좋다는 말이다.

이제 우리나라도 외국인 술 접대문화의 품격을 높일 때가 있다. 한가지 방법이 와인문화를 협상에 활용하는 것이다. 요즘 주요기업들은 중요한 외국 비즈니스 파트너를 접대할 때 옛날처럼 룸살롱으로 가지 않는다. 점잖은 호텔 레스토랑에 가 상대가 깜짝 놀랄 만한 프랑스 최고급 와인을 내놓는다. 가격이 2~3백만 원을 호가하는 프랑스 명품 와인을 마시면 상대의 입에서 나오는 탄성은 한결같다. "내가 한국에 와서 평생 마셔볼까 말까 하는 이런 고급 와인을 맛보는구나." 물론 다음 날 협상이 순조로워지는 것은 말할 필요도 없다.

명품 와인 작전은 와인문화에 익숙한 유럽 비즈니스맨한테 특히 잘 먹혀들어간다.

술은 때로 유용한 협상 도구가 될 수 있다. 하지만 상대에 따라, 술자리의 효력도 술자리문화도 달라진다는 사실을 유념해야 한다.

여기서 잠깐, 나라별 술자리문화를 짚고 넘어가보자.

우선, 중국인들은 술과 함께하는 식사를 '교제의 수단'으로 생각한다. 같이 술을 마신다는 것은 서로 신의와 우의를 돈독히 하며 인간적 관계를 형성한다는 것을 의미한다. 이 점에서는 한국과 비슷하지만 다른 점도 있다. 한국인과 일본인은 2차를 가는 것을 좋아하지만 중국인은 절대 2차를 가지 않는다. 저녁식사 자리에서 끝장을 내려, 손님이 엄청나게 마시게 한다. 많은 경우 일부러 대주가인 '술 상무'를 데리고 나온다는 사실을 주의해야 한다.

몇 가지 조언을 덧붙이자면, 일단 중국인과 술자리에 앉으면 중국식으로 허물없이 행동해야 한다. 만약 술자리를 피하고 싶으면 처음부터 술잔을 엎어라. 그러면 강제로 권하지는 않는다. 제일 안 좋은 행동은 술을 마신다고 해놓고 대장부답지 못하게 찔끔찔끔 마시는 것이다. 또한 한국에서 왼손으로 술잔을 받으면 결례이듯이 중국에서 잔을 부딪칠 때 상대의 잔보다 높게 부딪히면 엄청난 결례이다. 반드시 상대보다 잔을 낮추어 부딪쳐야 한다.

특히 중국인과의 술자리에선 협상이나 상담을 하려 들어선 안 된다. 그저 호탕하게 술을 마시며 좋은 관계를 형성하는 것이 최선이다. 미국이나 일본 같은 '더치페이'는 없다. 우리처럼 "잘 얻어먹었다"고 말하고 다음에 답례하면 된다.

다음으로 일본인과 술을 마실 때는 설사 상대가 장관이나 기업 회장이라도 절대 고개를 돌리며 술잔을 비워선 안 된다. 우리나라에선 이것이 높은 사람 앞에서의 겸양이지만 일본인은 '이 친구 나하고 술 먹기 역겨워 고개를 돌리나'라고 생각한다.

우리처럼 술잔을 돌리지는 않지만 절대 상대의 술잔을 비게 해서는 안 된다. 술잔을 계속 채워주는 것이 상대에 대한 배려이다.

술자리 협상의
주의사항 ● 얼마 전 중국 엔타이에 가 현지에서 5년간 근무를
한 현지 투자업체의 오중국 사장을 만났다. 오 사장 왈, 술이 센 산둥성 사람들과 일대일로 대적하면 도저히 당해낼 수가 없다는 것이다. 그러니 술로 끝장보려는 중국인 파트너를 만나면 아예 폭탄주 작전으로 나간단다. 섞어 마시는 데 익숙지 않은 중국인들이 금방 나가떨어지기 때문이다. 역시 폭탄주는 우리의 '국가 경쟁력'이다.

외국인과의 협상에서 때론 폭탄주가 훌륭한 협상 전략이 될 수 있다(늘 그렇다는 것은 아니니 오해는 마시길!). 특히 여러분이 외국기업에

비해 상대적으로 우위에 있을 때, 한국의 술문화를 은근히 강요함으로써 유리한 협상 고지를 점령할 수 있다. 이를 위해서는 한국의 주도(酒道)에 대한 문화적 호기심을 유발해야 한다. 문화적 호기심을 유발하는 좋은 방법은 한국사회에서 왜 이같이 독특한 음주문화가 발전했는지를 설명해주는 것이다.

사실 다른 나라와 협상을 하며 술을 마시는 일은, 각기 다른 술자리문화가 만나는 일이기도 하다. 이때 누구의 술자리문화를 따르느냐 하는 문제가 발생한다. 한국의 폭탄주문화를 미국 협상 팀에 강요할 수 있을까? 중국이나 러시아에 가서 협상할 때 그들의 독주문화를 따라야 하는가?

여기에 대한 답은 아주 간단하다.

협상력이 모든 걸 결정한다. 루스벨트 미국 전 대통령과 처칠 영국 전 수상 사이의 그 유명한 백악관 칵테일 협상 에피소드를 보자. 루스벨트는 귀빈에게 칵테일을 만들어 대접하기를 좋아했다. 상대가 맛있다고 하면 더욱 즐거워 계속 새로운 칵테일을 대접했다. 한 잔, 두 잔, 세 잔….

2차대전 초기 미국의 참전을 부탁하기 위해 워싱턴을 방문한 처칠. 위스키 같은 독주를 즐기지 칵테일은 질색이었지만, 어쩌랴. 우월한 협상력을 지닌 루스벨트가 계속 권하는 것을. 그날 처칠은 백악관 화장실을 들락거리며 칵테일을 토해내고, 다시 받아 마시길 반복했다. 물론 마실 때는 맛있어 죽겠다는 표정을 잊지 않으며.

술이 파트너와 좋은 관계를 형성하고, 정보교환을 원활히 하는 촉매제가 될 수 있음은 분명하다. 하지만 자칫 잘못하면 오히려 관계에 '독'이 될 수도 있다는 점을 주의해야 한다. 바로 술자리에서의 실수이다.

협상 파트너와의 술자리에서는 아무리 많이 마셔도 절대 실수하면 안 된다. 특히 중국인들은 거나한 술자리를 벌이는 것이 일종의 기 싸움인 경우가 많다. 여러분이 먼저 취해 실수를 하면 중국인 파트너는 속으로 쾌재를 부를 것이다. 술 싸움에서 이겼다고. 그런데 반대로 베트남에서는 술자리에서의 실수가 오히려 '약'이 될 수 있다. 이 나라에선 초대한 손님이 술을 마시다가 실수를 하면 주인이 아주 좋아한다고 한다. '내가 얼마나 손님을 극진히 대접했으면 저렇게 취해 실수를 할까' 한다는 것이다. 알다가도 모를 음주문화이다.

때로 직장에서 술을 과하게 먹다가 상사에게 실수하는 경우가 있다. 이때 절대 그 자리에서 변명하려 들지 마라. 물론 다음 날에도 "술에 만취해 무슨 행동을 했는지 전혀 기억이 안 난다"며 힘차게 오리발을 내밀어야 한다. 당시 상황을 기억하며 섣불리 사과하려들다간, 평소에 상사에게 좋지 못한 감정이 있다가 술김에 표출한 걸로 오해받을 수 있다. 이와 관련해서는 세조 때 신숙주의 술자리 실수를 되새겨볼 필요가 있다.

조선시대 성종 이전까지는 왕이 신하들과 사석에서 어울려 술을 즐겼다 한다. 하루는 세조가 신숙주, 한명회 같은 총신들과 거하게 술잔을 주고받았다. 그런데 술이 과한 신숙주가 그만 세조의 어깨를 잡고 앞뒤로 흔들었다. 아무리 술자리지만 왕의 몸에 손을 대고 그것도 흔들어대기까지 하다니, 불쾌해진 세조는 다음 날 아침 신숙주의 집으로 내시를 보냈다. 신숙주는 아무리 술을 많이 마셔도 다음 날 아침이면 단정히 앉아서 책을 읽는다. 만약 평소처럼 책을 읽고 있다면, 어제 술이 취하지 않은 상태에서 그런 행동을 했다는 이야기. 왕을 우습게본다는 뜻이니 엄벌에 처하리란 심사였다.

그런데 세조의 이런 의중을 알아차린 한명회가 몰래 신숙주에게 사람을 보냈다. 절대 내일 아침에 일찍 일어나지 말라고. "신숙주가 아직도 꿈나라를 헤매고 있더라"는 내시의 보고를 받은 세조는 '역시 신숙주가 만취하여 실수한 것이구나. 그러면 그렇지' 하며 넘어갔다고 한다.

리더 역시 술자리에서 주의할 부분이 있다. 부하직원들과 회식을 할 때 좌장 역할을 잘해야 한다. 가끔 졸업하고 직장에 다니는 제자들을 만나보면 요즘 회식문화가 많이 바뀌었음을 느낀다.

필자가 공직에 있던 시절, 국장을 모시고 하는 저녁이면 으레 국장 혼자 거의 떠들고 나머지는 일사불란하게 폭탄주를 마시다가 2차로 가볍게 노래방을 가는 정도였다. 물론 돈은 국장이 내고. 그런데 요즘 신세대와 그런 식으로 어울리다간 찍힌단다. 무엇보다 직장 회식 자체를 그다지 반기지 않기 때문에. 제일 인기 있는 상사는 초반에 부하들의 이야기를 들으며 분위기만 만들어주고, 중간에 일어나는 사람이다. 물론 부하들이 마음껏 놀라고 호기롭게 법인카드를 내주면서. 반면 제일 싫어하는 상사는 회식자리에서 끊임없이 자기 이야기만 지껄여대는 '떠버리'형이다. 그것도 과거에 자기가 한 일을 자랑삼아 떠드는.

역시 협상 테이블에서건 회식에서건 '말하는 기술'보다 '들어주는 기술'이 열 배는 더 중요한 모양이다.

첫째, 술은 상대의 마음을 여는 협상 도구가 될 수 있다. 취기로 인해 긴장이 풀어지면 쉽게 정보를 공유하고 속내를 털어놓는다. 바늘 끝 하나 들어갈 틈 없을 정도로 빡빡하게 구는 협상 상대에겐, 술을 권해보라.

둘째, 술은 '약'인 동시에 '독'이 될 가능성이 높은 도구이다. 분위기를 좋게 하려고 만든 술자리에서 당신이 먼저 취했다간, 상대에게 책만 잡히거나 오히려 자기 정보만 노출하고 끝날 수 있다. 미국이나 유럽의 바이어와 협상할 때는 술자리를 만드는 것이 큰 의미가 없다. 서양인들은 비즈니스 협상과 술자리에서 가까워진 인간관계를 냉정하게 구분하기 때문이다.

셋째, 부하들과 회식할 때 조심하라. 너무 일방적으로 떠들지 말고 부하들의 이야기를 들어주다가 적당할 때 자리를 떠라. 물론 계산은 해주고.

넷째, 혹시 직장 상사와 술을 마시다가 실수하면 무조건 만취해서 기억이 안 난다고 오리발을 내밀어라.

대북 협상을 통해 보는
'양보 없는 상대' 다루기

**더티 트릭(dirty trick)에는 강하게 맞불을 놓거나,
배짱 있는 무반응으로 일관하라**

"인민무력부 동무들 해도 너무 했더라구요. 기관포를 마구 갈겨,
민간 어선을 아예 벌집을 만들어놓았더구만요."

중국 베이징에서 진행된 제2차 남북 쌀 협상, 북한 측 수석대표인
전금철의 입에서 불쑥 튀어나온 말이다. 이야기의 배경인즉 이렇다.
1990년대 중반 YS정부는 북한에 쌀을 여러 차례 지원하였다. 두 번
째로 북한에 쌀을 주는 협상을 하기 위해 우리 정부 대표단이 베이
징으로 출발하기 직전, 서해에서 조업하던 우리 배 '동진호'가 납북
당하는 사건이 벌어졌다. 국내 여론은 불같이 들끓어올랐다.

"쌀 주고 뺨 맞냐? 빨리 북한과 협상해서 동진호를 찾아와라."

이처럼 험악한 분위기에서 열린 2차 쌀 협상은 팽팽한 긴장감이

맴돌았다. 쌀을 지원하는 우리가 '갑'이고, 북이 '을'이 되어야 하는데, 주도권이 뒤바뀐 게임은 어디로 튈지 모르는 양상으로 전개되었다. 월요일부터 수요일까지 계속된 협상, 매일 오전 10시에 테이블에 앉으면 우리 대표단이 내뱉는 말은 한결같았다.

"동진호를 빨리 돌려주세요."

북한 측 답변 역시 도돌이표처럼 반복됐다.

"쌀을 더.주면 동진호를 돌려줄지 말지를 검토해보죠."

우리 어선을 돌려주겠다는 것도 아니고 줄지 말지를 생각해보겠다는 것이다. 정말 북측으로선 '꽃놀이패'를 하는 셈이었다. 북측 대표인 전금철은 동진호를 미끼로 최대한 많은 쌀을 '뜯어내는' 것이 목적이었다. 우리 측의 '동진호 돌려주세요'와 전금철의 '쌀 먼저' 타령이 지겹도록 반복되었다. 시간이 지나도 협상에 진척이 없자 서울에서는 빨리 매듭지으라는 독촉이 계속 날아왔다.

그렇게 밀고 당기기를 계속하며 하루하루를 보내던 어느 날의 일이다. 남과 북이 제3국에서 협상을 하다보니 밥도 같이 먹고 술도 함께 마시며 어느 정도 허물이 없어졌다. 그때 전금철의 입에서 자신도 모르게 "인민무력부~ 어쩌구" 하는 앞의 말이 튀어나온 것이다. 노동당 소속인 전금철은 동진호를 돌려주고 쌀을 더 받는 쪽으로 마무리짓고 싶은 눈치였다. 그래서 동진호가 억류되어 있는 해군 기지를 방문했던 것 같다. 그런데 인민무력부 해군이 동진호 반환을 거부한 것이다. 비무장 민간 어선을 나포(拿捕)하려면 기관포 서너 방쯤 쏘면 되건만, 수십 발을 갈겨 동진호를 벌집으로 만들어놓고 우리 어부까지 사살했으니 상부에 알려지면 문책을 받을까 두려웠던 모양이다.

절대 권력자인 김정일 휘하에 있는 부서들은 서로 긴밀하게 협력하며 일사분란하게 움직일 줄 알았는데 그게 아니었다. 북한체제에서도 노동당, 인민무력부, 대남 협력부처 사이에 보이지 않는 갈등과 알력이 존재했다.

목요일 저녁, 서울에서 마지막 훈령이 왔다. "협상을 깨고 귀국해라." 이번에 동진호를 돌려받기는 글러먹었으니 쌀도 주지 말라는 이야기였다.

금요일 오전 10시, 늘 그렇듯이 7명의 북측 대표단이 느긋한 모습으로 테이블 맞은편에 앉았다. 우리 입에서 월요일부터 앵무새처럼 되풀이했던 "동진호를 돌려달라"는 애걸이 나오길 기다리는 눈치였다.

"…"

지금까지와 달리 우리 대표단의 입에선 아무런 말도 나오지 않았다. 어제 저녁에 협상을 접으라는 훈령을 받았기 때문이다. 한동안 묘한 침묵이 흘렀다. 잠시 후 전금철이 먼저 입을 열었다.

"오늘은 동진호 이야기 안 하나요?"

"동진호, 관심 없어요."

아이고, 전금철에게는 청천벽력 같은 일침이다. 그야말로 갑과 을이 단박에 바뀌는 순간이었다. 전금철이 어떻게 했을까? 당황한 표정을 짓거나 말을 더듬었을까? 천만에. 그 당시 이미 칠십이 넘은 그는 정말 노련한 협상가이다. 아마 북한 최고의 대화꾼(북에서 협상가를 지칭하는 표현)일 것이다. 표정의 변화가 전혀 없었다.

협상이 무산돼도 상관없는 건가? 도리어 우리 측에서 당황하려던 찰나, 전금철이 담배를 무는 장면이 눈에 들어왔다. 그는 줄담배를 피우는 골초로 협상 중에도 연신 담배를 피워댔다. 그런데 어럽쇼! 담배를 거꾸로 무는 것이 아닌가. 그것도 모르고 라이터를 켜서 필터에 갖다 대는 것이다. 불이 붙을 리 없다. 그런데 이 친구 한두 번도 아니고, 계속 필터에 불을 붙인다. 당황해 제정신이 아닌 것이다. 이를 보다 못해 옆에 있던 북측 단원이 그의 옆구리를 쿡 찌르며 "정신 차리라요" 하니, 그제야 "억!" 하며 담배를 제대로 돌려 물었다. 노련한 협상가라서 표정은 숨길 수 있었지만, 갑과 을이 뒤바뀐 상황에 순간적으로 놀라 자신도 모르게 실수를 한 것이다.

그리고 토요일 오전. 이미 깨져버린 협상의 마지막 날이다. 당연히 분위기는 좋지 않았다. 전금철은 두툼한 원고를 읽어가며 우리를 준엄하게 꾸짖었다. 내용인즉 "같은 민족끼리 치사하게 쌀을 줄듯 말듯, 먹을 것을 가지고 장난친다"는 것이다. 우리 대표단으로선 억울해도 참고 공손히 들어줄 수밖에 없었다. 북한과의 협상에서 한두 번 당한 일이 아니었다. 그런데 침착히 비난을 듣던 우리 측 수석대표가 갑자기 불쾌한 표정을 지었다. 전금철이 말하길,

"이 선생은 인간이 까불까불하여 도대체 무슨 말을 하는지 못 알아듣겠소."

상투적인 비방은 그러려니 하고 받아들였는데, 인간이 까불까불하다는 것은 우리말로는 뺀질댄다는 뜻이니 이건 인신공격이 아닌가. 당연히 기분이 나쁠 수밖에. 그런데 뭔가 이상해서, 커피타임에 필자가 북한 측 대표단에게 물었다.

"아까 까불까불하다는 말이 무슨 뜻인가요?"

"아, 까불까불요? 우리 북한에서는 산길이 꼬불꼬불하다는 말을 어미 변형하여 까불까불이라고 합니다."

즉 그들에게는 까불까불하다는 것이 애매모호하다는 뜻이었다. 다시 말해 "이 선생이 말을 분명히 하지 않아 무슨 말인지 못 알아듣겠다"는 의미였던 것이다. 북한과 일주일간 협상을 하다보니 말의 사용에 있어 다른 점이 참 많았다.

어쨌거나 토요일 협상에서 재미있었던 점은, 북한 협상 대표들의 태도였다. 전금철이 우리를 꾸짖을 때 좌우에 앉아 있던 다른 단원들의 표정이 어땠을까? 험악한 표정을 지으며 우리를 째려보고 있었을까? 천만에. 모두 고개를 떨군 채 졸고 있었다. 전금철은 협상 결렬의 책임을 우리 측에 넘기고, 우리를 준엄하게 꾸짖었다고 평양에 보고하기 위해 형식적으로 떠들어댄 것뿐이다. 그러니 북측의 나

머지 대표들은 할 일 없이 졸 수밖에.

전금철은 장황한 말을 마치고 헤어질 때, 우리 수석대표 옆으로 다가와 살짝 귀띔을 했다. "미안하다구라요." 평양 눈치를 보느라 다 싸잡아 욕했지, 그의 본심은 아니라는 것이다.

한 치의 양보도 없는
상대와의 협상에서 유의할 점 ● 우리는 협상을 상대방

과 소통해, 서로에게 좋은 결과를 만들어내는 일종의 윈-윈 게임으로 본다. 하지만 대부분의 공산국가는 협상을 '총을 들지 않은 전쟁'이라고 생각한다. 우리는 협상 테이블에서 좀 양보하더라도 합의에 도달하면 서로에게 좋은 해결책을 찾을 수 있다고 여긴다.

하지만 북한에게 협상은 일종의 전쟁이기에 목표는 당연히 '승리'이다. 그들에게 협상에서의 양보란, 전투에서의 후퇴와 같이 치욕스러운 것이다. 그러므로 북한 협상 대표에게 양보란 없다. 바로 이 점, 즉 협상을 보는 시각의 차이 때문에 지난 40여 년간 진행된 수많은 대북 협상이 뾰족한 성과 없이 끝나고 말았다. 역사적으로 공산주의자와의 협상에서 이긴 사람은 딱 한 명, 싱가포르의 리콴유(李光耀) 수상뿐이다.

대북 협상은 특수한 경우이지만, 한 치의 양보도 없는 상대와의 협상에서 유의할 점을 배울 수 있는 사례이기도 하다. 대북 협상 전략을 토대로 양보하지 않으려는 상대와 어떻게 협상해야 하는지 살펴보도록 하자.

첫째, 테이블 맞은편에 앉은 협상 상대의 말을 그대로 믿어선 절대 안 된다. 끝까지 마음을 놓지 마라.

앞의 제2차 남북 쌀 협상에서 보듯이 여러분과 이야기하는 평양에서 온 상대가 북한을 대표한다고 생각하면 오산이다. 예를 들어 우리 정부가 미국과 FTA 협상을 할 때는 부처 간이나 이익집단 사이에 이견이 있으면 관계부처 회의나 대화를 통해 합의점을 찾아냈다. 그러나 1인 독재국가인 북한에서는 불가능한 일이다. 말하자면 우리의 협상 상대인 노동당, 인민무력부, 대남 협력부처 사이에 수평적 협의가 전혀 이루어지지 않는 것이다.

심지어 북한 해군 내에서도 서해안 해군과 동해안 해군 사이에 협의가 없다. 북한의 서해안 해군이 우리 군함을 공격할 때, 동해안에선 북한 선박이 수산물을 반출하러 우리 항구에 들어왔던 경우만 봐도 알 수 있을 것이다. 따라서 북한 협상 대표가 어떤 약속을 하든, 이를 그대로 받아들여선 안 된다. 그들 내부에서 최고통치자의 OK가 떨어지지 않으면 약속은 전혀 효력을 발하지 못하기 때문이다.

이를 비즈니스에 대입해 설명하자면 이렇다. 최고의사결정자의 힘이 강력한 기업이나 조직, 국가와 협상할 때는 상대편 대표와의 협상이 전부가 아니라는 것이다. 기껏 공들여 협상을 마쳐도 상대편 최고의사결정자의 반대로 결과가 번복될 가능성이 있다. 즉 이런 협상에서는 설사 협상 대표 간의 합의가 이루어졌다고 해도, 최종 결정이 내려지기까지 마음을 놓아서는 안 된다.

둘째, 교활한 살라미(salami) 전술에 유의하라.

북한은 살라미 전술을 즐겨 사용한다. 살라미 전술은 얇게 썰어서 먹는 이탈리아의 소시지 '살라미'에서 따온 용어로, 하나의 협상사안을 여러 개 카드로 나눠 단계적으로 써먹는 전술을 뜻한다. 풀어서 설명하자면, 협상 단계를 최대한 세분해서 하나씩 이슈화하고 매 단계에서 보상을 얻어내 결국 최종 이득을 극대화하는 전략이다.

일례로 한국과 미국의 정상이 FTA를 하기로 기본합의(agreement in principle)를 한 후, 두 나라 대표단이 실무 협상에 들어가면 서로 FTA를 성사시키기 위해 노력한다. 설사 민감한 사안에 대해 밀고 당기더라도 궁극적인 협상 목표는 합의에 도달하여 윈-윈 게임을 하는 것이다.

그런데 남북 정상이 만나 북한의 나진 선봉지구를 함께 개발하자는 기본합의를 했다면? 이후 북한과 우리의 대표단이 만나서 대화를 나눌 때, 북한 대표단의 목적은 최대한 자신들에게 유리한 쪽으로 협상을 이끌어가는 것이다. 따라서 협상을 질질 끌며 사사건건 트집을 잡아 자기 몫을 최대한 챙기는 살라미 전술을 사용한다. 예를 들면 관세, 통관절차, 토지분양가, 체류 인원 등 각각의 의제에 '태클'을 걸어 하나씩 야금야금 압박해가면서 우리 측으로부터 얻는 이득을 최대화하는 것이다. 북한이 이처럼 살라미 전술을 쓰는 한, 남북 협상은 합의에 도달하기가 어렵다. 협상이 결렬되기 쉬운 것이다.

비즈니스 협상에서도 살라미 전술이 곧잘 사용된다. 만약 협상 상대가 하나의 협상사안을 잘게 쪼개가며 사사건건 트집을 잡을 때는 살라미 전술을 구사하고 있을 가능성이 높다. 이때는 절대 상대의 수에 휘말리지 않도록 주의하며 평정을 유지하는 것이 중요하다. 상대가 이슈화하는 작은 그림보다는 큰 그림에 집중하며 협상을 진행할 수 있도록 하라.

셋째, 벼랑 끝 전술에는 배짱 있는 무반응이 최선이다.
북한은 지난 10년간 한국 정부의 햇빛정책 아래, 벼랑 끝 협상 전략을 써서 재미를 톡톡히 봤다. 같이 죽자는 기세로 남쪽을 강하게 윽박지르면 쌀, 비료 등을 얻어낼 수 있지 않았던가. 북한으로선 참으로 호시절이었다. 그런데 MB정부가 들어서면서 햇빛정책도 사라졌고 벼랑 끝 전술도 잘 먹히지 않게 되었다.
금강산에서 민간인이 사살되는 사건이 벌어졌을 때, 북에서는 남을 압박하여 금강산 관광을 재개하고 싶었을 것이다. 금강산에서 벌어들이는 수입은 북의 최고통치자에게 쏠쏠한 쌈짓돈이었는데, 한 10년간 김정일의 주머니로 쏟아져들어가던 수입이 뚝 끊겨버렸으니 말이다. 이때 북한이 내민 협상 카드는 정말 가관이었다.

처음에는 금강산의 우리 측 직원들을 추방하는 것으로 압박하였다. 그런데 남측의 반응이 없자, 그들의 고유 전술대로 벼랑 끝 전술의 수위를 한 단계 높였다. 금강산의 부동산을 압류하겠다고 협박한 것이다. 그래도 우리의 반응은 한결같았다. 우리 국민의 안전이 보장되지 않으면 관광을 재개할 수 없다는 것. 북한은 마지못해 중국관광객을 끌어들이는 소위 '대안 카드'를 내밀었다. 하지만 장가계, 계림 등 천하 절경이 많은 곳에 사는 중국인이 금강산을 보기 위해 그 먼 길을 올까? 결국 북의 전략은 먹혀들어가지 못했다.

앞의 장에서 미국과의 쇠고기 타결을 협상시켰던 사례를 이야기하며 골치 아픈 상대를 만났을 때는 벼랑 끝 전술이 유용하다는 말을 했었다. 그런데 역으로 상대가 벼랑 끝 전술을 사용할 때는 북에 맞선 우리 정부의 사례처럼 무반응으로 일관하는 것이 좋은 대응이 될 수 있다. 죽기 살기로 덤볐는데, 상대가 반응이 없다면 힘이 빠지지 않겠는가.

넷째, 회의내용의 녹음 같은 사소한 문제에도 주의하라.

일반적으로 외국과 협상을 할 때 처음에 프로토콜을 정한다. 의제, 일정 등을 미리 정하는 것이다. 이때 가장 민감한 사안이 녹음문제이다. 다른 나라라면 몰라도 북한과 협상을 할 때는 절대 녹음을 해선 안 된다. 북한 대표단은 녹음기가 앞에 있으면 "위대한 수령~~ 어쩌구 저쩌구" 하는 이야기를 족히 2~30분은 읊어댄 후에야 의제에 들어가기 때문이다. 협상이 효율적으로 진행될 리가 없다.

베이징에서 열린 남북 쌀 협상에서도 회의를 시작하기 전에 녹음에 대한 이야기가 나왔다. 북측이 먼저 말문을 열었다. "녹음을 합시다." 우리 측의 답변은 "No." "그래도 녹음을 해야죠." 우리가 재차 퉁명스럽게 대답했다. "절대 녹음을 할 필요가 없어요." "그렇다면 할 수 없지요. 녹음하지 맙시다." 이렇게 말하는 그들의 표정이 어땠을까? 실망스런 표정이었을까? 전혀 반대이다. 북측 대표의 입가에 묘한 안도의 미소가 흘렀다. 그들도 녹음을 안 하는 게 훨씬 편한 것이다. 괜히 녹음을 했다가 평양에 책잡힐 일이 생길 수 있기 때문이다.

협상을 진행할 때 위의 녹음문제처럼 상대적으로 사소한 사안에 대해서는 신경을 덜 쓰기 마련이다. 하지만 북한과 같이 간혹 생떼를 쓰는 상대에겐 아무리 사소한 문제라도 하나를 섣불리 양보하게 되면 협상 전체가 꼬일 수 있다. 일단 협상 테이블에 앉으면 어떤 사안이라도 소홀히 다루어서는 안 된다는 사실을 명심하기 바란다.

첫째, 좀처럼 양보하려 들지 않는 상대에게는 '맞불 작전'으로 나가라. 일례로 북한과 협상을 할 때는 강하게 나가야 한다. 그들은 협상을 일종의 전쟁으로 간주하기에, 일반적으로 생각하듯이 때론 양보하고 상대방의 입장을 고려하여 원-윈 게임을 이루어내려 들지 않는다. 온갖 수단과 방법을 가리지 않고 많이 얻어내려고 하는 경우가 다반사다.

이처럼 양보 없는 상대와 협상할 때는 쉽게 합의에 도달할 수 있다는 환상을 버리고 강하게 밀어붙여야만 여러분이 원하는 것을 그나마 조금이라도 얻어낼 수 있다.

둘째, 결렬을 두려워하지 마라. 상대가 벼랑 끝 협상 전략이나 살라미 전술을 쓸 때, 이에 대응해 강하게 나가면 당연히 협상은 결렬위기에 빠질 것이다. 이를 두려워해서는 절대로 안 된다. 이럴 때는 협상이 깨질 경우에 상대와 여러분이 치러야 할 '협상 결렬비용'을 냉정히 계산해보길 바란다.

예를 들어 금강산 관광 재개 협상이 깨질 경우, 북한과 우리의 결렬비용을 비교해보자. 우리로서 잃는 것은 금강산에 투자한 자산이다. 하지만 북한으로선 통치자의 금싸라기 같은 현금

파이프라인이 사라진다. 북한의 손해가 더 큰 것이다. 상대의 결렬비용이 더 크면 당연히 결렬위기에 더욱 조급해지는 것은 상대일 것이다.

셋째, 심리전에 말려들지 마라. 강건한 입장을 고수하는 협상가일수록 부드럽고 능수능란한 태도를 보이는 경우가 많다. 북한의 경우 협상 초반에는 "같은 민족끼리 잘해보자"며 친근한 태도를 보이곤 한다. 그러고는 살라미 전술, 벼랑 끝 협상, 위협, 지연 등의 '더티 트릭'으로 뒤통수를 치는 것이다. 다정다감하게 굴다가도 자신의 뜻대로 안 되면 태도가 180도 돌변하여 심리적 압박을 가하는 사람을 만나더라도, 절대 이러한 심리전에 말려들어서는 안 된다.

워싱턴 로비스트들에게 배우는 고단수 협상 전략

타깃 선정 – 효율적 접근 – 세련된 로비, 3단계 로비 전략

"다음 달에 캐나다로 가는 김에 워싱턴도 들를 테니 미국 상무장관과 만찬을 준비해."

필자가 공직에 있던 시절, 어느 날 갑자기 장관의 입에서 떨어진 지시이다. 부랴부랴 워싱턴 대사관에 전화를 하니 펄쩍 뛴다.

"아니, 미쳤어? 미국 상무장관이 무슨 동네 구멍가게 아저씨야? 3주밖에 안 남았는데 어떻게 장관과 만찬을 주선해. 미국 상무장관 정도면 앞으로 반년 치 스케줄이 꽉 차 있어."

하기야 워싱턴 대사관의 말이 맞다. 필자도 워싱턴에 근무해봐서 안다. 하지만 장관의 지상 명령인데 어찌하랴. 무슨 수를 써서라도 만찬을 성사시켜야 한다. 무슨 뾰족한 수가 없을까? 아, 우리가 고용한 워싱턴의 로비스트! 즉시 전화를 해 급한 사정을 이야기했다.

"글쎄요(maybe)! 어려운 일이지만 한번 해보지요."

로비스트들은 늘 이런 식으로 대답한다. 어렵지만 한번 노력해보겠다고. 그러곤 어김없이 2~3일 후쯤 연락이 온다. 상무장관과 만찬을 성사시켰다고. 어휴! 한 건 크게 했다. 즉시 장관실로 달려가 낭보를 보고했다.

"수고했어."

관료에겐 장관의 이 한마디가 군인들 가슴에 훈장을 달아주는 것과 같다.

워싱턴의 로비스트들은 못해내는 일이 거의 없다. 단지 비용을 많이 청구해서 문제지. 상무장관과 저녁 한 끼 먹은 것 때문에 우리가 로비스트에게 지불한 돈을 대략 계산해보니 상당한 금액이었다. 한번은 친해진 그들에게 "어떻게 그 바쁜 상무장관과 만찬을 성사시켰냐?"고 물어보았다. 대답인즉 상무장관의 선약을 깨고 우리 장관과의 약속을 집어넣었단다. 알고 보니 그 로비스트는 연방정부의 고위관리 출신이었다. 미국처럼 냉정한 사회에서도 옛 동료의 부탁에는 약한 모양이다.

그렇다면 그 로비스트는 상무장관에게 어떤 보상을 했을까? 미국과 같은 투명한 사회에서는 절대로 직접적인 보상은 하지 않는다. 그

대신 상무장관이 관직을 그만두면 직장을 알선해주든지 그가 부탁 하는 사람들의 취직을 도와주는 정도라고 한다.

로비 전략의
3대 성공요소 ● 한국인이 로비(lobby)에 대해 가지고 있는 인상은 매우 부정적이다. 과거 한미관계에서 부정한 행위를 저지른 로비스트들의 스캔들이 신문에 종종 보도되었기 때문이다.

그러나 로비는 국제 협상의 중요한 전략 수단 중 하나이다. 즉 로비의 세계를 이해하는 것은 협상에 있어 고단수의 전략을 배울 수 있는 기회라고 할 수 있다.

그렇다면 로비란 과연 무엇인가? 로비는 '국제 협상에서 상대가 어떤 일을 하거나 혹은 하지 않도록 설득하는 행위'를 뜻한다. 예를 들어 미국 의회가 한국에 통상제재를 가하려 할 때, 이를 저지하는 일을 재미(在美) 로비스트들이 맡는다. 미 의회에서 한미 FTA가 비준되도록 로비할 수도 있다.

현재 미국에는 등록된 로비스트만 3만 5천여 명에 달한다. 1998년부터 2004년까지 로비활동에 지불된 비용은 워싱턴 지역에서만 무려 120억 달러. 1년에 100만 달러 이상의 수입을 올리는 대형 로비회사도 120여 개나 된다. 미국에서는 1995년에 제정된 로비활동법(The Lobby Disclosure Act of 1995)에 근거를 두고 로비가 합법적으로 행해진다. 물론 외국인도 미국 내에서 로비활동을 하는 것이 가능하다.

그런데 이 같은 워싱턴 로비스트의 70%는 전직 미국연방·주 정부 고위관리이거나 상하원 의원 출신이다. 2004년 11월 낙선한 톰 대슐(Tom Daschle) 전 상원의원은 2005년 초 로비회사 알스톤&버드(Alston&Bird)로 자리를 옮겼다. 1996년 대선에서 공화당 후보로 나섰다 낙선한 밥 돌(Bob Dole) 전 상원의원이 소속된 회사였다. 이처럼 전직 정치인들이 로비업계에서 활동하는 배경은 간단하다. 미의회가 전직 의원에게 많은 특권을 부여하기 때문이다. 의회 내 의원 전용 식당, 의원 전용 체력 단련실 등의 출입이 가능할뿐더러 회기 중에 본회의장 출입도 허용할 정도다.

로비에 대한 기본적인 설명은 이 정도로 마치고, 이제 본격적으로 로비 전략에 대해 살펴보자. 흔히 생각하듯 로비는 접대를 하거나 금품을 제공하는 것이 아니다. 로비도 훌륭한 전략적 협상의 하나이다. 대부분의 로비는 다음과 같은 3단계 전략을 통해 이루어진다.

- 정확한 로비 대상자 선정(Identifying the lobby target)
- 로비 대상자에 대한 효율적인 접근
- 세련된 로비기법

미국 상무성이 한국의 반도체 수출에 대해 반덤핑 관세를 부과하려 한다는 정보를 포착했다고 가정해보자. 한국 반도체업계는 미국의 반덤핑 관세 부과를 막기 위해 대미 로비활동을 해야 한다. 어떠한 로비가 가장 효율적일까? 먼저 1단계, '정확한 로비 대상자 선정'이 필요하다. 미국 상무성 실무자에 대한 로비가 효과적일까, 아니면 상무장관에 대한 로비가 더 시급할까?

여기서 살펴볼 수 있는 전략이 탑-다운(top-down) 로비와 바텀-업(bottom-up) 로비이다. 탑-다운 로비는 상대국 대통령, 정치가, 장관같이 고위층을 상대로 집중 로비를 하는 전략이다. 즉 미국 상무장관과 가까운 로비스트를 고용해 반도체에 대해 반덤핑 관세를 부과하지 못하도록 막는 것이다. 이에 반해 바텀-업 로비는 담당 실무자에게 접근하는 방법으로, 여기서는 실제 반덤핑 조사를 하는 상무성 관리에게 로비활동을 펼치는 전략이다.

탑-다운 로비의 장점은 제대로 성사만 되면 그 효과가 결정적이라는 점이다. 만약 한국이 고용한 로비스트가 미 상무장관을 설득하면 반덤핑 관세 부과문제는 쉽게 종결될 수 있다.

하지만 단점도 만만치 않다. 무엇보다 비용이 많이 든다. 만약 상무장관이 반덤핑 관세 철회의 조건으로 정치헌금이나 현지 복지기관에 대한 거액의 기부금을 요구할 경우, 그 규모는 어마어마할 것이다. 실무자를 무시하는 데 따른 부작용도 만만치 않다. 정부의 정책결정에는 고위관리뿐 아니라 실무자와 중간관리자가 참여하기 마련.

이들을 건너뛰고 장관을 설득할 경우, 이들의 반발을 사 오히려 일을 그르칠 우려가 있다.

잘못되면 법적 스캔들이 발생해 기업이나 국가의 이미지를 훼손할 수 있다는 점도 간과할 수 없다. 프랑스의 차량 제작·운송전문 업체 알스톰(Alstom)을 위해 한국에서 고속전철(TGV)사업 관련 로비를 하던 한국인이 불법자금 조성으로 피소된 적이 있다. 이 로비스트는 한국 정치인이나 고위관리에 접근하는 데 불법자금을 사용했다고 한다.

인도네시아, 중국 같이 권력거리(power distance)가 긴 권위형 국가에서는 의사결정권이 대통령이나 장관 같은 상부에 집중되어 있다. 따라서 탑-다운 전략이 주효하다. 반면 민주국가에서는 의사결정권이 상부-중간관리자-실무자 간의 업무에 따라 분담되어 있는 경우가 많기 때문에, 섣부른 탑-다운 전략은 금물이다.

그렇다면 바텀-업 로비는 어떨까? 일단 장점은 일을 크게 벌이지 않고 조용히 해결함으로써, 상대적으로 적은 로비비용을 사용할 수 있다는 것이다. 하지만 관련 정책의 의사결정권이 장관에게 있을 경우, 아무리 실무자에게 로비를 해봤자 장관의 한마디로 모든 것이 뒤바뀔 수 있다. 즉 고위직이 의사결정권을 가진 큰 이슈(big issue)에는 바텀-업 전략이 별다른 효과가 없는 것이다.

가장 바람직한 방법은 탑-다운과 바텀-업 로비 전략을 동시에 추진하는 것이다. 로비 이슈의 성격과 상대국의 특성을 고려해, 상부에 대한 로비를 전개하면서 동시에 실무자에 대한 로비도 함께 추진하면 이상적이다.

로비스트들은 이러한 상황을 고려하여, 해당 이슈와 관련해 어떤 사람이 로비 대상자로 적합할지를 결정하고 행동에 착수한다. 이는 비즈니스에도 시사하는 바가 크다. 사업을 벌이든 협상을 하든 청탁을 하든, 어떤 상대를 공략해야 할지 타깃을 명확히 하는 것이 선결 과제라는 점을 명심하기 바란다.

로비 대상자가 선정된 후에는 본격적인 로비가 전개된다. 로비스트들은 어떻게 로비 대상자에게 접근할까? 그들의 접근 방식은 비즈니스맨에게도 유용한 팁이 될 수 있기에, 몇 가지를 소개하고자 한다.

첫째, 상대국 내 '우리 편'을 활용한다.

예를 들어, 한국 정부가 미국 정부에 로비할 경우에는 미국 내 지한파(知韓派)와의 개인적 친분을 활용할 수 있다. 예를 들어 과거 부시(George W. Bush) 행정부 시절 콜린 파월 전 국무장관은 주한미군 근무경험이 있었고, 몇몇 상원의원은 한국전 참전 의원이었다. 하원에는 한인 거주지역구 출신의 '한국협의회' 소속 의원도 있었다. 이러한 지한파 의원들은 다른 의원들에 비해 상대적으로 한국에 우호

적이었기에, 로비를 위해 접근하기가 용이했다.

이처럼 개인적 친분을 활용하는 방법은 미국뿐만 아니라 중국, 한국, 일본과 같이 관계 중심의 협상문화권에서 더욱 효과적이다. 이러한 문화권에는 '교환의 법칙'이 작용하기 때문이다. 예를 들어 여러분이 평소 가깝게 지내는 일본기업인 타카시 사장에게 경제산업성 장관을 면담하게 해달라는 부탁을 한다고 하자(두 사람은 게이오대학 동창이다). 그는 흔쾌히 부탁을 들어준다. 한 반년이 지난 후 이번에는 타카시 사장이 한국에 와 여러분에게 지식경제부장관을 만나게 해달라고 할지도 모른다. 물론 여러분은 인맥을 동원해 장관 면담을 주선할 것이다.

둘째, 정보 교환의 법칙(Rule of Information Trade)을 활용한다.

바쁜 사람일수록 상대와 만나 무언가를 얻을 수 있다고 생각될 때는 흔쾌히 시간을 내어준다. 이는 거꾸로 말하면 상대를 만나보았자 별다른 소득이 없을 것이라고 판단되면 시간 내기를 꺼릴 것이라는 뜻이다. 로비 대상자가 시간을 내주는 대가로 제공할 수 있는 것은 정치적 헌금이나 금품, 장기적 친분관계(two-way relationship), 정보 등이 있다.

부패한 국가에서는 아직도 금품을 제공할지 모르지만, 미국이나 유럽, 일본같이 투명한 국가에서 가장 효과가 좋은 것은 정보 교환이다. 예를 들어 삼성전자 회장이 반도체 반덤핑문제로 미 상무장관에게 면담 신청을 한다고 가정해보자. 세계 반도체·IT시장에서 차지하는 삼성전자의 위치를 고려할 때, 미 상무장관으로서는 삼성전자 회장으로부터 얻고 싶은 정보가 있을 것이다. 삼성전자의 미래 사업계획, 미국 투자계획 같은 정보들이다. 이는 상무장관이 업무를 수행하는 데 도움이 되는 귀중한 정보들이다. 그러니 면담에 응하는 것은 당연지사.

이처럼 만나기 힘든 상대와 대면하기 위해서는, 자신이 줄 수 있는 정보가 무엇인지 그 정보가 상대에게 어떤 도움이 되는지를 어필하는 것도 좋은 방법이 될 수 있다.

첫째, '상호주의 접근'을 하라. 비즈니스에서든 로비에서든 일방적인 부탁은 금물이다. 우선 관련 이슈에 대해 합리적으로 상대를 설득해야 한다. 그러고 난 후 "이번에 당신이 도와주면 우리 사이에 좋은 관계가 형성될 수 있다. 그렇다면 언젠가 내가 당신을 도와줄 일이 있지 않겠는가"라는 상호주의 접근을 해야 한다. 삼성전자 회장이 미 상무장관을 만날 경우를 예로 들어보자. "이번 반덤핑 관세 부과는 적절치 못하다. 오히려 한국산 반도체를 사용하는 미국업체가 더 큰 손해를 볼 수 있다. 장관께서 현명한 판단을 내리길 부탁한다"라는 이야기로 대화를 시작해 "이번에 도와주면 삼성전자의 대미 투자, 한미산업 협력 등에서 도움을 줄 수 있다"는 말로 끝을 맺는 식이다.

둘째, 접대할 때는 미리 상대의 취향을 알아둘 필요가 있다. 예를 들어 미국 상무장관을 만나기 전에 비서실에 장관이 좋아하는 음식을 물어보는 센스가 필요하다. 흔히 외국인이 좋아하는 갈비를 대접하기 위해 멋진 한식집으로 모시든지, 최고급 일식집으로 초대하려 한다. 그런데 알고 보니 장관이 채식주의자여서 고기를 싫어할 수도 있고, 날 생선은 입에도 대지 않을 수도 있다. 접대나 미팅에서 흔히 범하는 실수가 자기 기준으로 상대를 대접하려는 것이다.

셋째, 간단한 요약 메모를 준비하라. 당신이 아무리 길고 장황하게 설명해도 상대가 사무실에 돌아가 핵심내용을 잊어버리면 아무 소용이 없다. 바쁜 장관이나 회장일수록 더욱 그럴 것이다. 따라서 로비 혹은 미팅의 요지를 1장이나 2장 정도의 분량으로 간단히 요약 정리해 전달할 필요가 있다.

넷째, 때로는 과감히 포기하라. 상대를 설득하려고 여러 가지로 노력했는데도 불구하고 효과가 없다. 상대가 짜증을 내는 기색마저 보인다. 이때는 과감히 자리를 떠야 한다. 로비의 경우, 상대가 짜증을 내는데 로비를 계속하면 이는 역(逆)로비에 해당한다. 이럴 경우에는 과감히 포기하고 다음 기회를 기다리는 것이 최선이다.

이순신 장군이
진린 장군 앞에서 비굴하게
머리를 조아린 까닭은?

불리한 '을(乙)'을 위한 협상 전략

"난 협상에서 백전백승이야! 아무리 노련한 중소 납품업체 사장이라도 나한테 걸리면 설설 기게 되지."

대기업 구매 담당을 맡고 있는 K이사의 거드름이다. 정말 이런 사람이 유능한 협상가일까? 천만의 말씀! 그는 엄청난 자기 착각에 빠져 있다. 그간 협상을 성공적으로 이끈 것은 본인 능력 때문이 아니라 대기업 구매 담당이라는 막강한 간판 덕분이라는 사실을 모르는 것이다. 만약 그가 벤처업체를 차려 대기업에 납품하는 을의 신세가된다면, 갑자기 불리해진 협상 구도에 분명 당황하게 될 것이다.

언제나 갑으로만 살아갈 수 있다면 얼마나 좋을까. 하지만 대부분의 사람들은 불리한 을의 입장에서 도도한 갑과 협상해야 할 때가 많다. 그렇다면 을의 입장에서 까다로운 상대와 협상할 때는 어떻게 해야 할까? 우선 우리가 존경하는 이순신 장군이 을의 입장에 섰을 때 어떻게 협상하였는지 살펴보자.

"저렇게 성질이 사나운 진린 장군이 이순신을 만나면 티격태격하고 난리가 날 거야. 이를 어쩌지?"

임진왜란 막바지, 명나라 진린(陳璘) 장군의 함대가 조선 수군을 도우러 오던 중 먼저 한양에 들렀다. 그런데 이 장군, 소문대로 성격이 과격하기 그지없었다. 진린의 비위를 거스른 조정 대신들은 온갖 수모를 당한 것도 모자라 곤장까지 맞았을 정도다. 이렇듯 한바탕 횡포를 부린 후에 진린은 조선 수군과 합류하기 위해 남쪽으로 내려갔다.

대쪽 같은 성격의 이순신 장군은 진린을 어떻게 맞이했을까? 성질을 고쳐주고자 호되게 꾸짖었을까?

천만에! 철저한 을로서 바짝 엎드려 진린을 맞았다. 우선 이순신은 조선 함대를 이끌고 수십 리 뱃길을 마중나갔다. 진린으로서는 띵호아, 대만족이었다. 그의 '진린 비위 맞추기'는 여기서 그치지 않는다. 저녁에는 푸짐한 주안상을 차려 융숭히 대접하고, 왜적의 수급(首級, 전쟁에서 베어 얻은 적군의 머리) 수십 개를 뇌물(?)로 줬다. 오자마자 첫 승리를 거두었다고 명 황제에게 보고하라면서.

'야, 이순신 장군도 별수 없네. 우리가 생각한 그런 훌륭한 분이 아니네.' 만약 이렇게 생각한다면 하나만 알고 둘은 모르는 사람이다.

우리가 직장생활을 하건 사업을 하건 '큰 것'을 얻기 위해서는 때론 체면이나 자존심을 버릴 필요가 있다. 이순신이 진린에게 굽실거린 이유는 간단하다. 나라를 구하기 위해서다. 조선의 힘만으로는 도저히 왜적을 물리칠 수 없는 상황. 어떻게든 진린의 비위를 맞춰서 함께 왜적을 몰아내야 한다는 대의를 위해 자신의 자존심을 과감히 접어버린 것이다.

결국 진린은 이러한 이순신의 인격에 감복하여 자신의 부하들에게 "이순신보다 한 발자국도 앞서 걷지 말라"고 엄명하였다. 이순신의 지시에 따르라는 뜻이었다. 나라를 위해서라면 철저한 을로서 비굴하게라도 협상하는 이런 점이 이순신이 존경받을 진면목이 아닐까?

갑의 태도에 따른
을의 협상 전략 다섯 가지 • 여러분이 약한 을의 입장에서 협상할 때라도 너무 주눅들 필요는 없다. 상대의 태도를 살피며 그에 걸맞은 전략을 구사한다면 얼마든지 승산이 있다. 펜실베이니아대학교 와튼스쿨의 리처드 셀 교수에 의하면, 상대의 태도에 따라 취할 수 있는 전략은 크게 세 가지로 나눌 수 있다.

• 상대가 강하게 나올 때 : 소프트 시그널(soft signal) 전략, 하드 시그널(hard signal) 전략

- 상대가 너그럽게 나올 때 : 교환법칙 전략, 백지수표(blank check) 전략
- 상대가 자신이 갑인 줄 모르고 있을 때 : 블러핑(bluffing) 전략

먼저 소프트 시그널은 상대를 더욱 교만하게 만드는 전략이다. 상대가 우월한 협상력을 바탕으로 당신을 마구 밀어붙일 때, 고개를 숙여 상대를 더욱 강한 갑으로 만들어라. 그러면 상대는 더욱 교만을 부릴 것이다.

인간이 교만해지면 반드시 허점을 드러내기 마련. 이때를 놓치지 않고 공격해 협상에서 유리한 고지를 점령하는 것이다.

동해안에 원전을 지을 때 콧대 높은 프랑스 기술자들 때문에 애를 먹은 적이 있다. 건설현장에 가족만 입주할 수 있는 외국인 사택이 있었는데, 몇몇이 동거녀를 데리고 입주했던 것이다. 을의 입장이었던 한전(한국전력공사)은 이를 모른 척하고 묵인하였다. 그러자 기술자들은 더욱 거드름을 피우며 동거녀와 함께 당당히 다녔다.

바로 그때, 한전이 벼르던 비장의 무기를 꺼냈다. 혼인관계를 입증할 수 있는 증명서를 제출하든지, 아니면 당장 사택에서 나가라고 기술자들을 압박한 것이다. 그들로선 프랑스 본사에 이 사실이 알려지면 그야말로 개망신. 졸지에 갑에서 을의 신세로 전락한 프랑스 기술자들은, 계속 입주할 수 있게 해달라고 애걸하는 처지가 되어버렸다. 물론 그다음부터 그들의 오만한 태도가 사라진 것은 당연하고.

상대가 강하게 나올 때의 두 번째 대처법은 아예 기선을 제압해버리는 것이다. 바로 하드 시그널 전략이다.

1970년대 조선소를 지을 때 일본조선소에서 파견 나온 일본인 기술자가 뺀질거리며 기술 전수를 회피하였다. 간부회의에서 이 문제가 논의되자, CEO는 갑자기 일본어로 일본인 기술자에게 모욕적인 언사를 퍼부었다.

'아, 이제 조선소는 다 지었구나!'

자리에 있던 간부들의 눈앞이 깜깜해졌다. 가뜩이나 기술은 전수하지 않고 거드름만 피우는 사람인데, 이토록 모욕을 당했으니 이제 기술 전수는 물 건너간 일이 아니겠는가. 그런데 예상치 못한 일이 벌어졌다. 얼마 뒤 그 기술자가 본사로 소환당하고, 새로운 기술자가 온 것이다.

화합을 중시하는 일본기업문화에서 보면, 외국으로 파견한 기술자가 한국인과 잘 지내지 못하고 불필요한 마찰을 일으킨 것은 중대한 과오였다. 한국업체의 CEO는 이 같은 일본문화를 알고 충분한 계산하에 하드 시그널 전략을 사용한 것이다. 그렇다면 교체되어온 일본 기술자의 태도는 어땠을까? 괜히 한국인과 마찰을 일으키면 전임자 꼴이 될 게 뻔했기에 아주 협조적이었다 한다.

다음으로 상대가 너그럽게 나올 때 사용하는 교환법칙 전략을 살펴보자. 교환법칙 전략이란, 쉽게 말하자면 '이번에 봐주면 언젠가는 보답하겠다'는 것이다.

그런데 이 법칙을 사용할 때는 한 가지 주의가 필요하다. 앞에서 이야기했듯이 중국이나 일본 같은 동양인에게는 잘 통하지만 미국인에게는 교환법칙이 잘 통하지 않는다는 사실이다. 단기적인 협상 성과에만 관심이 있는 그들에게 "한번 봐달라"라는 부탁은 곧 당신의 취약점을 노출시키는 일이다. 약점을 간파한 상대는 그것을 집중 공격하여 협상에서 얻을 수 있는 당장의 이익을 극대화하려고 할 것이다.

백지수표 전략 역시 상대가 너그럽게 나올 때 취할 수 있는 전략이다. 셀 교수에 의하면 서로 마음을 터놓고 협상하면 윈-윈 게임을 할 수 있는데도, 을의 입장에서는 지레 겁을 먹고 양보하는 경우가 많다고 한다. 자신이 을임을 솔직히 인정하고(절대 자신의 양보 카드를 먼저 내밀지 말고), 갑에게 선처를 부탁하는 백지수표 전략을 쓰면 예상 외로 좋은 결과를 얻을 수 있다.

사례를 들어 설명해보자. 맹소심 부장이 미국에 출장을 갔다가 100달러짜리 만년필을 샀다. 그런데 막상 써보니 마음에 들지 않아 교환하기 위해 다시 구입한 가게를 찾았다. 이미 잉크를 묻혔기에 미안한 마음에 스토어 크레딧(store credit, 상점 내 교환권) 100달러를 달라고 부탁했다. 그 가게에서 100달러어치 다른 물건을 살 수 있게 해달라는 것이었다. 그런데 점원은 퉁명스럽게 "No"라고 일언지하에 거절했다. 맹 부장은 순간 따지려던 마음을 바꿔 "그럼 어떻게 하면 좋겠냐"라고 물었다. 상대에게 결정을 일임하는 '백지수표 전략'

을 구사한 것이다.

점원이 어떻게 나왔을까? 그냥 마음에 들지 않는 만년필을 참고 쓰라고 했을까?

점원의 입에서 의외의 말이 나왔다. "cash back." 만년필을 환불해준 것이다. 알고 보니 소비자 천국인 미국에선 그 만년필을 제조업체에 반품할 수 있었다. 즉 소비자와 만년필 가게로선 쉽게 윈-윈할 수 있는 협상 상황이었던 것이다.

마지막으로 블러핑 전략을 살펴보자. 이는 상대가 자신이 갑이라는 사실을 모를 때, 을이 일부러 강하게 나가며 허세를 부려 유리한 고지를 점령하는 전략이다.

강허세 사장이 중고 방적기를 팔려고 시장에 내놓았는데 1년이 지나도 문의전화 한 통이 없었다. 그러던 어느 날 동남아에서 얼떨떨 씨가 찾아와 강한 구매의사를 표시하였다. 눈치를 보니 방적기시장에 대해 별로 아는 게 없는 것 같았다. 즉 자신이 갑인지를 모르는 것이다. 이 점을 간파한 강 사장은 방적기를 사고자 하는 많은 경쟁자가 있는 것처럼 '블러핑'을 해 높은 가격에 팔아치웠다.

요즘과 같이 모든 상황이 빠르게 변하는 글로벌시대에 협상력이란 정말 다양한 요인에 의해 결정된다. 의외로 정보 부족 등으로 인해 자신이 갑인지 모르는 사람도 있을 수 있다. 이럴 때 블러핑 전략을 쓰면 예상 외로 많은 이득을 취할 수 있는 것이다.

첫째, 당신이 을이라고 해서 지레 겁먹고 상대에게 슬슬 기지 마라. 상대가 어떻게 나오는지를 살펴보고 이에 맞는 협상 전략을 써야 한다. 무조건 숙이고 들어간다고 능사가 아니다.

둘째, 을로서 협상한다고 절대 자존심 상해하지 마라. 이순신 장군도 큰 것을 얻기 위해 때론 비굴하게 협상했다. 때론 상대를 오히려 더욱 교만하게 만들어 이를 역이용하는 소프트 시그널 전략을 쓸 필요가 있다.

셋째, 우리나라처럼 학연, 지연 등을 중시하는 사회에서는 교환의 법칙도 잘 통한다. 한 가지 명심할 점은 서양인에게는 이 법칙의 사용이 금물이라는 것이다.

넷째, 비즈니스 협상을 하다보면 상대가 어수룩한 경우 (특히 정보가 부족한 경우) 자신이 갑인지조차 모를 때가 있다. 이럴 때는 블러핑 전략을 사용하라. 하지만 노련한 상대에게는 섣불리 이 전략을 쓰다가 큰 코 다칠 수 있다. 상대를 잘 관찰하고 사용해도 괜찮다는 확신이 들 때, 블러핑 카드를 내밀어야 한다.

공피고아(攻彼顧我)

상대를 공격하기에 앞서 자신의 말을 돌아보라

― 바둑십결(十訣) 중에서

지은이
안세영

국내 최고의 협상 전문가이자 서강대학교 국제대학원 정교수(원장 역임). 서강대 글로벌협상센터 소장도 맡고 있다. 학생들과의 열띤 토론 후 소주 한잔을 마시는 것을 좋아하는 낭만적인 학자이자, 해병대에서 20대의 젊음을 불태운 영원한 해병 장교이기도 하다.

서울대학교 국제경제학과를 졸업한 후 프랑스 P. 소르본대학교(파리1대학)에서 국제경제학 박사학위를 받고, 청와대 경제수석실, 통산산업부(현 지식경제부) 국장으로 근무했다. 또한 UN산업개발기구의 워싱턴 투자진흥관으로 활동했으며 미국 커민스(Cummins)와 프랑스 까르푸(Carrefour), 대우조선해양, 한국가스공사 등의 협상 자문을 하였다. 대통령 국민경제자문위원, 외교통상부 통상교섭 자문위원으로도 활동했다.

역사적 사례와 실제 비즈니스 사례를 토대로 '이기는 기술'을 풀어내는 그의 강의는 일반 사원부터 CEO까지, 비즈니스맨부터 공무원까지, 폭넓은 인기를 얻고 있다.

필자가 일본 경제산업성 산하 경제산업연구소(RIETI)에서 진행하는 협상 세미나는 많은 일본 고위 공무원과 전문 경영인들에게 전폭적인 지지를 얻고 있다. 뿐만 아니라 일본 와세다대학교, 독일 잉골슈타트대학교 등에서 협상을 강의하고 삼성, 현대, LG, SK 등에서도 활발한 특강을 펼치고 있다.

주요 저서로는 《CEO는 낙타와도 협상한다》, 《글로벌 협상 전략》 등이 있다. 현재 〈조선일보 위클리비즈〉에 '안세영 교수의 협상스쿨'을 연재 중이다.

혼·창·통 : 당신은 이 셋을 가졌는가?
이지훈 지음 | 14,000원

세계 최고의 경영대가, CEO들이 말하는 성공의 3가지 道, '혼(魂), 창(創), 통(通)'!
조선일보 위클리비즈 편집장이자 경제학 박사인 저자가 3년간의 심층 취재를 토대로,
대가들의 황금 같은 메시지, 살아 펄떡이는 사례를 본인의 식견과 통찰력으로 풀어냈
다. (추천 : 삶과 조직 경영에 있어 근원적인 해법을 찾는 모든 사람)

공피고아 : 어떤 조직에서도 승승장구하는 사람들의 비책
장동인 · 이남훈 지음 | 14,000원

회사에서는 일만 잘하면 된다고 생각하는 순간, 당신의 조직생활에 위기가 시작된다.
일을 제대로 하고 싶다면, 당신과 그 일을 함께할 '사람'을 먼저 배워라. 조직과 사람
이 움직이는 원리를 관통하는 10가지 키워드와 명쾌한 대응전략! (추천 : 가장 현실적
인 '직장생활의 정공법'을 익히고 싶은 이들을 위한 책)

전략의 탄생
애비너시 딕시트 · 배리 네일버프 지음 | 김영세 감수 | 이건식 옮김 | 25,000원

가위, 바위, 보 게임부터 기업 간 거래와 협상에 이르기까지…, 삶과 비즈니스에서
승리하기 위해 반드시 필요한 '전략'의 모든 것! 마치 수학공식처럼 외워두었다가, 필
요한 상황마다 적재적소에 적용할 수 있는 '전략적 사고의 기술'. 단연코 명불허전!
(추천 : 비즈니스의 활로를 모색하고, 실질적 전략에 갈증을 느끼는 리더급)

허드 : 시장을 움직이는 거대한 힘
마크 얼스 지음 | 강유리 옮김 | 29,000원

마케팅은 죽었다. 이제 비즈니스의 향방은 어떻게 달라져야 하는가? 이 책은 지금껏 상
상하지 못했던 비즈니스의 새로운 지평을 선보인다. 그 키워드는 '허드(herd),' 저자는
다양한 학문분야의 이론적 성취와 비즈니스 사례를 넘나들며 인간본성에 관한 통찰을
제시한다. (추천 : 마케팅의 위기 시대에 새로운 전략을 모색하는 사람들을 위한 책)

프리즘 : 미래를 읽는 5가지 안경
페로 미킥 지음 | 오승구 옮김 | 25,000원

성공적인 미래경영을 위한 가장 명쾌한 로드맵! 이 책은 강력한 미래분석 도구 '5가
지 미래안경'을 통해, 미래를 정확하게 예측하고 준비할 수 있도록 돕는다. 미래안경
은 세계적 리더들과의 800여 회에 이르는 세미나를 통해 도출해낸 결과물이다. (추
천 : 삶과 비즈니스에서 성공적인 미래경영을 꿈꾸는 모든 사람을 위한 책)

오리진이 되라

강신장 지음 | 14,000원

더 나은 것이 아니라, 세상에 없는 것을 만들어라! 창조의 '오리진'이 되어 운명을 바꿔라! CEO들을 창조의 바다로 안내한 SERI CEO, 그 중심에 있던 강신장이 말하는 세상에서 가장 맛있는 창조 이야기. 이제 세상을 다르게 보는 길이 열린다! (추천 : 읽기만 해도 창조의 영감이 솟아오르는 텍스트를 기다려온 모든 이들을 위한 책)

멋지게 한말씀

조관일 지음 | 14,000원

자기소개, 건배사, 축사, 행사 진행, 프레젠테이션… 언제든 써먹는 '노래방 18번'처럼, 어느 자리에서든 당신을 멋지게 띄우는 '한말씀'의 기술! 첫마디 시작하는 법, 화젯거리 찾는 공식, 흥미진진하게 말하는 법 등, 대한민국 명강사의 '30년 한말씀 노하우' 총망라! (추천 : 공적, 사적 모임에서 멋진 한말씀으로 돋보이고 싶은 사람들을 위한 책)

거절할 수 없는 제안을 하라

마이클 프란지스 지음 | 최정임 옮김 | 13,000원

전직 마피아 보스가 들려주는 비즈니스 성공원칙! 누구도 경험하지 못한 마피아들의 조직논리와 비즈니스 본능을 바탕으로, 단순한 경영이론을 뛰어넘어 현실에서 적용할 수 있는 남다른 비즈니스 원칙을 제시한다. (추천 : 효율적인 비즈니스 전략과 조직운영을 추구하는 기업 및 조직의 리더들을 위한 책)

공무원답게 일하라 : 당신의 사명감이 대한민국을 바꾼다!

류랑도 지음 | 15,000원

《일을 했으면 성과를 내라》의 저자가 10여 년간 그려온 공공기관 성과관리의 노하우를 담았다. 성과관리의 큰 그림은 물론 '성과관리 7단계' 등의 구체적인 하우투, 생생한 사례까지 소개하는 공무원 성과관리 바이블! (추천 : 주민센터에서 중앙행정기관, 공기업까지, 모든 공무원을 위한 실전적이고 종합적인 성과창출 로드맵)

위대한 연설 100 : 그들은 어떻게 말로 세상을 움직였나

사이먼 마이어, 제레미 쿠르디 지음 | 이현주 옮김 | 18,000원

동서고금을 막론하고, 깊은 울림을 선사하는 역사상 가장 위대한 연설 100편의 에센스만을 뽑았다! 키케로부터 오바마까지, 인류 최고의 명연설가 100인의 '연설'은 물론, 그들의 '사상', 당대의 상황을 엿볼 수 있는 자료까지 소개하는 최고의 연설 콜렉션! (추천 : 위대한 연설과 연설가의 삶을 함께 알고 싶은 이들을 위한 책)